質樸堅毅
張其昀日記
（1973）

Temperament, Simplicity, Strength, and Tenacity
The Diaries of Chang Chi-yun
1973

民國日記 ｜ 總序

呂芳上
民國歷史文化學社社長

人是歷史的主體，人性是歷史的內涵。「人事有代謝，往來成古今」（孟浩然），瞭解活生生的「人」，才較能掌握歷史的真相；愈是貼近「人性」的思考，才愈能體會歷史的本質。近代歷史的特色之一是資料閎富而駁雜，由當事人主導、製作而形成的資料，以自傳、回憶錄、口述訪問、函札及日記最為重要，其中日記的完成最即時，描述較能顯現內在的幽微，最受史家重視。

日記本是個人記述每天所見聞、所感思、所作為有選擇的紀錄，雖不必能反映史事整體或各個部分的所有細節，但可以掌握史實發展的一定脈絡。尤其個人日記一方面透露個人單獨親歷之事，補足歷史原貌的闕漏；一方面個人隨時勢變化呈現出不同的心路歷程，對同一史事發為不同的看法和感受，往往會豐富了歷史內容。

中國從宋代以後，開始有更多的讀書人有寫日記的習慣，到近代更是蔚然成風，於是利用日記史料作歷

史研究成了近代史學的一大特色。本來不同的史料，各
有不同的性質，日記記述形式不一，有的像流水帳，有
的生動引人。日記的共同主要特質是自我（self）與私
密（privacy），史家是史事的「局外人」，不只注意史
實的追尋，更有興趣瞭解歷史如何被體驗和講述，這時
對「局內人」所思、所行的掌握和體會，日記便成了十
分關鍵的材料。傾聽歷史的聲音，重要的是能聽到「原
音」，而非「變音」，日記應屬原音，故價值高。1970
年代，在後現代理論影響下，檢驗史料的潛在偏見，成
為時尚。論者以為即使親筆日記、函札，亦不必全屬真
實。實者，日記記錄可能有偏差，一來自時代政治與社
會的制約和氛圍，有清一代文網太密，使讀書人有口難
言，或心中自我約束太過。顏李學派李塨死前日記每月
後書寫「小心翼翼，俱以終始」八字，心所謂為危，這
樣的日記記錄，難暢所欲言，可以想見。二來自人性的
弱點，除了「記主」可能自我「美化拔高」之外，主
觀、偏私、急功好利、現實等，有意無心的記述或失
實、或迴避，例如「胡適日記」於關鍵時刻，不無避實
就虛，語焉不詳之處；「閻錫山日記」滿口禮義道德，
使用價值略幾近於零，難免令人失望。三來自旁人過度
用心的整理、剪裁、甚至「消音」，如「陳誠日記」、
「胡宗南日記」，均不免有斧鑿痕跡，不論立意多麼良
善，都會是史學研究上難以彌補的損失。史料之於歷史
研究，一如「盡信書不如無書」的話語，對證、勘比是
個基本功。或謂使用材料多方查證，有如老吏斷獄、
法官斷案，取證求其多，追根究柢求其細，庶幾還原

案貌，以證據下法理註腳，盡力讓歷史真相水落可石出。是故不同史料對同一史事，記述會有異同，同者互證，異者互勘，於是能逼近史實。而勘比、互證之中，以日記比證日記，或以他人日記，證人物所思所行，亦不失為一良法。

從日記的內容、特質看，研究日記的學者鄒振環，曾將日記概分為記事備忘、工作、學術考據、宗教人生、游歷探險、使行、志感抒情、文藝、戰難、科學、家庭婦女、學生、囚亡、外人在華日記等十四種。事實上，多半的日記是複合型的，柳貽徵說：「國史有日歷，私家有日記，一也。日歷詳一國之事，舉其大而略其細；日記則洪纖必包，無定格，而一身、一家、一地、一國之真史具焉，讀之視日歷有味，且有補於史學。」近代人物如胡適、吳宓、顧頡剛的大部頭日記，大約可被歸為「學人日記」，余英時翻讀《顧頡剛日記》後說，藉日記以窺測顧的內心世界，發現其事業心竟在求知慾上，1930 年代後，顧更接近的是流轉於學、政、商三界的「社會活動家」，在謹厚恂恂君子後邊，還擁有激盪以至浪漫的情感世界。於是活生生多面向的人，因此呈現出來，日記的作用可見。

晚清民國，相對於昔時，是日記留存、出版較多的時期，這可能與識字率提升、媒體、出版事業發達相關。過去日記的面世，撰著人多半是時代舞台上的要角，他們的言行、舉動，動見觀瞻，當然不容小覷。但，相對的芸芸眾生，識字或不識字的「小人物」們，在正史中往往是無名英雄，甚至於是「失蹤者」，他們

如何參與近代國家的構建，如何共同締造新社會，不應
該被埋沒、被忽略。近代中國中西交會、內外戰事頻
仍，傳統走向現代，社會矛盾叢生，如何豐富歷史內
涵，需要傾聽社會各階層的「原聲」來補足，更寬闊的
歷史視野，需要眾人的紀錄來拓展。開放檔案，公布公
家、私人資料，這是近代史學界的迫切期待，也是「民
國歷史文化學社」大力倡議出版日記叢書的緣由。

序言

　　張其昀先生，字曉峯，生於 1901 年，為中國著名之歷史及地理學家。少年時便胸懷壯志，民國二十年代的中國大陸交通不便，他是少數克服困難，跋山涉水，走遍名山古剎，親自繪製中國地圖的地理家，為的是忠實呈現地理內容，展現他實事求是的精神。張其昀先生為「少年英雄」，年輕時即有著懷抱崇高理想，不畏艱辛，努力達成目標的特性，他在 1962 年（民國 51 年）創立中國文化大學（當時為中國文化學院）後，校歌中的「振衣千仞岡、濯足萬里流」，亦因為張其昀先生於年輕時為繪製地理走遍大江南北的體驗。

　　張其昀先生亦為第一位結合歷史和地理之大師，在他之前的學者只分為「歷史學家」與「地理學家」，張其昀先生認為若學習地理而不知當地之歷史，枉然也，他主張歷史與地理應互相配合，才能深入了解某一地區之獨特歷史，因此他是人文地理學的開山大師。張其昀先生於 1936 年在浙江大學創立第一所史地系，他主張教育興國，而高等教育是國家培育人才最重要之搖籃。張其昀先生自年輕起便立志要創辦一所理想中的大學，他心目中的大學為一人文薈萃、地靈人傑、弘揚中國文化、結合東西方文化之地，他認為貢獻國家最好的方式便是辦教育，教育乃能興國，他全心為國家培養人才，於是在 1962 年創立中國文化大學。他每天早上七點多便出門，直到晚上八點多始返家，夫人龔柏英女士

則是全力支持丈夫，讓丈夫無後顧之憂，可以全心投入辦學。

從張其昀先生的 1973 年日記中可看出張其昀先生一年 365 天沒有一天停下腳步，他認真地面對生活，每一天都竭盡全力幫助他人，鼓勵他人，為教育的大使命鞠躬盡瘁。張其昀先生詳記他每日所見之人、事、物，他一方面以簡單扼要的方式記錄重點，一方面卻非常細心，記錄每一位重要的人名，每一項重要的事件，每一個走訪過的地點。這本日記可以看出張其昀先生珍惜每一天的生活，他重視他所遇見的每一個人，因此記錄他們的名字與求學中重要的經歷，也記錄他們的生涯發展，尤其重視年輕學子，似乎學生的每一件小事對他來說都是大事，值得珍藏。

張其昀先生 1973 年的日記可分為六大重點：

1. 廣交各界人士與菁英

他接觸的人士廣泛，有來自美國、德國、澳洲、日本、韓國等國家，他結識之人從年長到年幼，從政府官員到外交界、學術界、企業界、文化界皆有。他尊重異國文化，在他的日記中提到東北亞國家（日本、韓國），他尊重每一個人的背景、家庭，日記便是他用於了解並記得不同文化、產業的朋友。

2. 重視學生的成就

他在日記中記錄文化大學的學生考上碩博士、出國進修、取得學位、投入職場，在學校任教，更有文化大學培養出來的博士在母校擔任主管，校友為校盡力，表示張其昀先生高度重視人才，當學生有成就時，他便會

記錄其人名及服務機構。他也會表揚學生，為他們的成就感到欣喜不已。

3. 延聘人才

他經常和友人會談，每當有人推薦人才時，他會將其姓名及經歷記錄下來。他努力延聘人才，他為學校尋覓各界優秀師資，尤其重視文藝、歷史、新聞界、美術界的大師。他在日記中提到多位大師級人物，例如：國學大師林語堂、音樂系蕭茲老師、國畫大師歐豪年、經濟系施建生、法文系胡品清、畫家葉醉白、孫多慈、經濟系彭百顯、新聞系鄭貞銘等，皆為文大名師。張其昀先生在日記中亦提及華岡合唱團與華岡交響樂團，為保存中國文化不遺餘力。

4. 闡述創校精神

張其昀先生在日記中提到創校精神，校訓質樸堅毅，質為「樂觀積極」，樸為「謙虛誠實」，堅為「刻苦耐勞」，毅為「建設創造」，他時時刻刻記得創校精神，以此自我勉勵，並勉勵全校學生。他也提出文化大學的遠景，他提到文化大學的發展是多方面，包括國際化、整體性、文藝復興、學以致用、五育並重、華學基地、建教合作、高深研究。

5. 關心國家發展

張其昀先生在日記中常提到國家的政策與發展，他關心教育部的政策，例如全國大學招生名額、各校錄取人數，他關心國家發展方針，例如行政院長孫運璿、經濟部長李國鼎都在他的筆下。他在發展中國文化大學之時不忘了解國際局勢與社會脈動，並借鏡國外大學，結

合學校的系所與社會需求結合。他也不忘學術，在他的
日記中提到「中國歷史文物百科全書」，顯示他對學術
發展的重視。

6. 生活有所取捨

　　每個人一天的時間有限，因此張其昀先生將大部分
的時間皆花在教育上面，包括為校尋覓師資、培養人
才、教育學生、鼓勵學生、與年輕學子對話、掌握他們
的動向，為籌募建校基金而奔波，對於其他的宴會應酬
則是經常婉拒。他一生以書生報國，專心為國培育人
才，充滿博愛之精神。

　　從張其昀先生的日記可以窺見，他一心一意將培養
青年人才當成自己最重要使命，為國鞠躬盡瘁，實為政
治界、學術界、教育界的典範。

孫女　張海燕

民國 110 年 10 月 10 日於台北

編輯凡例

一、 本書收錄張其昀先生 1973 年日記。

二、 古字、罕用字、簡字、通同字，在不影響文義
　　　下，皆改以現行字標示。

三、 原稿既留空格以△，修正處以雙刪節線表示，編
　　　註則以【 】標示。

四、 作者於書寫時可能有魯魚亥豕之失，為存日記之
　　　真，恕不一一標註、修改。

附圖

1970 年 10 月 1 日，於興建中的大義館前留影。（中國
文化大學圖書館提供）

在從八層樓的大夏育樂場北望華岡歷歷在目
華岡創辦人張其昀博士主持城區分校校舍落成典禮

1972 年 12 月 31 日，主持大夏館（夜間部校舍）落成
典禮。（中國文化大學圖書館提供）

1972 年 12 月 31 日，於大夏門剪綵。（中國文化大學
圖書館提供）

張其昀等參觀文化大學校舍設計模型（中國文化大學圖
書館提供）

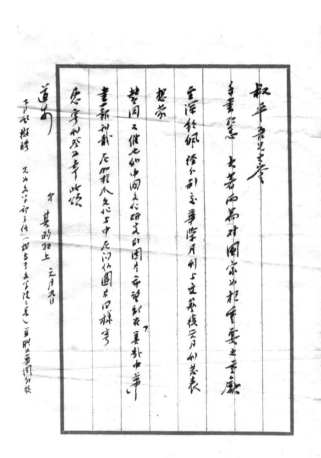

1973 年 1 月 9 日，張其昀致俞叔平函。（中國文化大學圖書館提供）

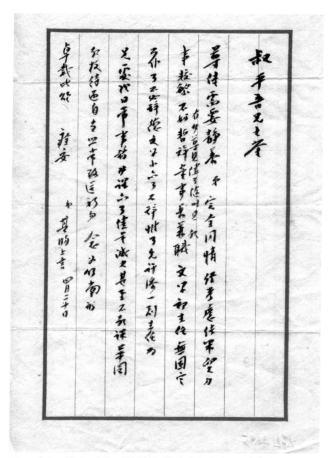

1973 年 4 月 20 日，張其昀致俞叔平函。（中國文化大學圖書館提供）

目錄

1973 年

附錄

民國六十二年（1973 年）

華岡興學經驗談
民國六十一年十二月卅一日在本校城區部大夏館落成典禮講

今天本校城區部舉行大夏館落成典禮，其經過事實及其意義，本人已有「大夏館落成記」一文，載於特刊，為節省時間，不再複述。當茲師生相敘一堂，願略述近十年來經驗之談，作為補充。

（一）好事多磨

凡是創辦新的事業，一定會有困難，甚至遭受阻力，乃至發生挫折，其尤甚者則成為磨折。我們只要能夠克服困難，衝破阻力，不屈不撓，再接再厲，就會戰勝了磨折，而踏上了成功之路。「好事多磨」，自古如此。如果我們經不起磨折，因而消沉、灰心、悲觀、徬徨、卻步，勢必至于前功盡棄，一事無成。有為之士則不然，遇到艱險而愈厲，排除失敗而益進，其結果是志定于前，功成于後；磨折愈多，成功愈大。華岡學風便是要不畏難，不憚改。惟無我而後能無私，惟無私而後能無畏，知過必改，與時偕進。大學教育最可寶貴的，便是培養這種無我、無私的大無畏精神。

（二）苦盡甘來

語云：「但問耕耘，不問收穫。」耕耘是辛苦的，收穫是美滿的。有時收穫之豐，非耕耘時所能想像。我們惟有此認識，乃能鼓勵我們見義勇為的信心和決心。自從創校以來，有一個大家津津樂道的故事，便是每逢

校慶日或重要紀念日，都會由雨轉晴，豁然開朗，精神
為之一振。於今十年，絕無例外。像這一次情形，直至
昨夜，天氣尚無把握，而今晨則風和日麗，陽光燦照，
遠山含笑，華岡在望。我們在此大夏館屋頂平台，舉行
盛大典禮，真是暢快無比。難道這便是古人所說：「皇
天不負苦心人」嗎？要之，「天助自助」，卻是千古不
朽的金律。

（三）行以求知

校歌有云：「承中原之道統，接革命之心傳」，中
原道統的最高峰是陽明學說，革命心傳便是力行哲學，
兩者一脈相傳，都是教人要苦幹實幹，行以求知。理論
與事實是互相推進，互相保證的。理論的完整，足以
創造新的事業；事業的成功，更足以啟發新的理論。徒
有理論，只是空談；知而不行，只是不知。行在知的前
面，行是知的考驗。知要經過行的磨練，才能趨於更完
整，更圓滿。孔子說：「吾欲載諸空言，不如見於行事
之深切著明也」，這是我們治學做事的至理名言，終身
受用不盡的。

（四）虛心實幹

華岡十年，艱苦備嘗，但也確有許多成績和成就，
使我們得到安慰和滿意。但是最重要的，還在于在校同
學和畢業校友的服務態度。像這次國際青年商會在台北
召開，擔任會場內外服務工作的人，絕大多數是本校
觀光系的同學。他們親愛精誠的態度，和不眠不休的精
神，贏得了中外人士的好感和讚美。日前青商會重要幹
部在中國國民黨中央委員會頒獎典禮上，曾指出華岡同

學裏助會務進行，是大會成功主要原因之一。又如本校新聞系畢業同學在各新聞機構任職，都受到重視。中國郵報社長余夢燕女士，曾以「虛心實幹」一語來稱讚本校畢業同學。不但這兩系是如此，其他各系同學，受了「質樸堅毅」校訓的啟示，都有了良好的表現。尤其最近本校校友喬寶泰先生在台北市以最高票當選為國大代表，他堅苦卓絕的奮鬥，更是本校「質樸堅毅」校訓最高度的發揮。但我們決不可自滿，而當互相策勉，益求精進。

　　本校的前途，本人敬以三語以為總結。華岡學府乃是華岡青年之所有，華岡青年之所治，華岡青年之所享。明天就是六十二年元旦，今天可說是承前啟後的紀念日。現當第二個十年愛校建校運動的開始，也正臨到華岡學業上百花盛開的季節，盛會難得，朝氣洋溢，今天晴朗溫暖的冬日，確是本校校史上一個最好的辰光。

1月1日　星期一

今年七十三歲，開始記日記。

總統府元旦慶典，去函請假。

上午遍閱各報，陳紀瀅一文為冠冕。余文「國父思想與世界和平」在中華日報發表。

蕭院長師毅夫婦偕德國女作家來訪，據云正指導學生演德文劇本。

來吾家拜年者，有戴仲玉、梅嶙高、陳鑑波、馮睿璋、王亞權及其夫邵光明。

合作研究所第一屆畢業生林建民來談，現任職味全食品公司管理處企劃室。

西德史屈格博士（Dr. W. Strigel）主張在華設立貿易促進中心。

1月2日　星期二

馬孝駿博士偕其女友棋【馬友乘】清晨返美，赴機場送行。預定冊今年歲杪再來台表演，明年三月至九月在本校講學半年。

李洪鰲偕其夫人來訪，渠現任行政院財經組。

讀資治通鑑西漢晚年。

致香港黎晉偉、美國司徒政膺遴選立委賀函。

擬百友會成立會致辭及一百人名單。

擬大興館十二層分配計畫表。

日本學生前島浩已返東京，來書致謝。渠留華八年矣。

琉球研究所所長楊仲揆介紹史學系畢業生唐羾來任

編輯，已允之。

1月3日　星期三

中央常會為中央、中影兩公司事，余起立發言，此為革命工具，應予維護。

閱唐詩紀事，文史有相互為用之益。

擬與美國阿姆斯壯學院合辦國際貿易研習班計劃。

美哉中華十二月脫期，于今日出版。

澳洲議員來訪，請蕭院長代為接見。

中華五千年史預備再版。

打字員鍾女士辭職，由周川知女士物色一位湘籍女士補充。

鄭資約教授贈其新著東南亞地理。

與安密邇、吳岱勳同進晚餐，商討華岡觀光大學城遠程計劃。他推薦吳炳經先生可予重用，可任法文系西班牙組主任。

1月4日　星期四

四時舉行財務會談，商討今後于二十五日開始發下月薪金辦法。

草「華學興學」經驗談，分四點：多事多磨、苦盡甘來、行以求知、虛心實幹。

擬定百友會三十三人名單。

舊金山張秀蓮女士來訪，其夫在加州教育廳任職。

謝朝栻所作華岡詩影送閱。

閻振瀛為將中國平劇話劇譯為英文之適當人才。

徐升平先生來談對喬寶泰競選獲勝一事，所予華岡
之良好印象。

擬定大興館十二層計劃。

1月5日　星期五

下午四時評議會開會，通過重要議案：華岡學會百
友會案及第一批三十三名人名單（定下星期二舉行第一
次會議）；新知叢書案；新增研究所及學系案。

劉炳吉辭主計室主任，派鄭嘉武慰留，允下星期一
上班。

請詹純鑑先生擬定華岡種樹計劃，預算為二十
萬元。

請周中勛先生擔任藝術館館長。

廣祿去世非常可惜，宜有以紀念之。

1月6日　星期六

十一時與博士班第一級同學談話。年長者四十八歲
為寇龍華，原任台大社會系主任。國文研究所鄭琳女士
為女子進博士班第一人。

嶺南大學教授李定載返韓辭行，送我對聯，書法
甚佳。

日本山室三良、大久保傳藏、高橋梵仙等賀年。

彰化商業銀行張聘三先生來函，對于幫忙甚感。

鄭家駿博士寄來其在美國藥物化學雜誌發表之論文
多篇。密蘇里州堪薩斯城中西部研究所。

上星期反省錄

日記從本年度開始。

華岡學會百友會之設計。

華岡文化觀光大學城之設計，委託吳岱勳進行。

大興館十二層計畫採自力興建方針。

華岡種樹計畫託詹純鑑先生。

張聘三短期貸款（三個月）五百萬元，已成功。

馬孝駿偕女返美，此行極有價值。

美國阿姆斯壯學院合作開始國際貿易研究班計畫。

陳紀瀅青年戰士報元旦特刊撰文極好。

日本通訊

山田勝美

（編者按）山田先生為日本上智大學教授、中華學術院名譽哲士

張其昀先生：

昨在台灣寶島訪問，蒙殊遇，感激今猶新。一年之內，國際姑息風暴，不知停止，終使日華斷交，諒痛心之極。就中知華之士，何面目見中華諸位先生乎？思之，則慚汗沾背，只有低頭而已。

雖然在日本國內，最近漸有反省徵候。於今次總選舉，日中（大陸）復交派有力議員，池田正之輔、川崎秀二、古井喜實等，悉皆落選，是真痛快事。而日本人民抵抗田中外交之明證。

美哉中華、文藝復興等，屢次惠贈，千萬感謝。引用此等以語中華收復大陸，回到北京，則學生始信日本

報紙之真偽混合。願今後愈愈啟蒙我們是祈。

　　古賢不云乎，人眾而勝天，天定而勝人。國際姑息逆流是天，人力不可如何。然今也轉換曙光既現矣。請先生康健、益勉加餐，是祈。

　　當訪華一年，感慨無量。此誌所感，以表鳴謝而已。

德國通訊　德國許溫德致董事長函

　　時值新歲，敬祝萬事如意，並祝中華民國前途光明。此間輿論對貴總統和貴國深表同情，情形比過去更形熱烈。

　　我心裡很高興，有位來自貴校的女學生聽我的課，她名叫周漢蓉（譯音），目前在魯爾大學就讀，住在國際學舍裡。前幾天還遇到道爾夫博士（編者按：曾在本校地理系任教），他訪問台灣後，取道瓜地馬拉返國，他在貴校授課期間，很是愉快。

　　拙著承囑請人寫書評並節譯一部分，至深感謝。在報紙上看到 Volkwagenwerk 準備在台灣設分公司，這是好消息。

美國通訊

陳可忠

曉峰兄：

　　久未晤教，尊況如何，時在念中。年來承貴校惠寄各種刊物，閱讀之下，受益良多，甚感、甚感。前閱十月八日紐約時報，得悉國內建設進步情形，無任興奮。

民國以來，私人興學盛稱南胡北張，我兄創辦華岡學術
文化事業，在短短十年期間，無論在氣魄、在質量、在
發展前途，皆遠非前人之成就所能望其項背。前在國內
偶聞微言，弟深感不平，蓋創業之精神應先求其有，後
求其精，以今日華岡之成績，已有目共睹，中外皆知，
學術界有識之人士當無不同，深欽佩矣。年前蒙寵錫榮
銜，愧無建樹，風便尚祈不吝賜教為幸。

　恭賀新禧

　　　　　　　　　　　　弟陳可忠　十二月七日

1月7日　星期日

　整理資料。

　蕭院長談俞叔平教授在孔孟學說演講，對本校寄以
厚望。

　潘維和談梁寒操在詩學會建議擴大募集基金，以
五十萬元為目標。

　萬驪（癡山）贈其所著詩集，有關于余之作佔奉贈
第一位。

　薛光前函複印胡蘭成在新聞天地所撰「將三民主義
開向全球」一文，對華岡盛加推崇。

　七時在大專學生活動中心觀王忠志女教授師生音樂
合奏會，甚好。于樞機與藍蔭鼎夫婦亦在座，會後攝影
留念。

1月8日　星期一

　撰百友會講辭——中堅分子、中心勢力，明天用。

百友會晚首次餐敘。

為聯合出版中心業務有所指示。

華岡山莊

碧園農場建設計畫出版（本校地理學系設計）。

華岡東北方三公里，面積二八公頃，高度 580-700
之間，年均溫 20℃上下，年雨量 3,000 公厘，溫暖重濕
氣候。土壤安山岩育成，呈黃褐色，酸性反應，富有
機質。

（一）園藝區：七公頃。三副區：花卉、果樹與蔬菜。
西半部建園藝所一座，華岡中學校址。

（二）畜牧區：四公頃。畜牧館、牲舍與牧場。

（三）藥用植物區：二公頃。溫室。

（四）森林區：十五公頃。森林館。經濟林木、綠
竹、苗圃等副區。

（五）遊憩觀光設施：

（1）人工湖，三—四接觸地區，660-665 公尺，
碧湖弧形有橋，水源取自松溪上游，養魚。

（2）觀賞亭：3-5 座。

（3）林圃道路：行道樹，路肩栽種花木。

1月9日　星期二

寄戴運軌先生華岡教授聘書，請其為物理學系名譽
主任。

王雲五先生介紹馬乘風先生來校任教，允其在下學
年開始任課。

陶太庚教授自夏威夷來信，報告在美接洽貿易情形，及在美參加全美華語教協年會情形。

看韓國兒童舞蹈團電影，極精彩。

孔秋泉先生函，推薦韓國高麗大學教授閔丙岐先生為名譽哲士。

王撫洲先生推薦林二為電腦研究所所長，高仲芹為理事長。

張立齋先生捐贈圖畫一批，共八箱七十四種。又聖大教授賽凡斯高贈書二箱七十冊，一月九日啟程。又聖大贈書第一批八一五冊、第二批二六二冊裝箱待運。

1 月 10 日　星期三

上午九時在中央黨部開會，由海外工作會提工作方針。中央通訊社改為公司組織，新名單亦提出。

潘振球先生在本校演講後來訪，徐升平偕來。

吳岱勳來商談接辦大恩館餐廳事。

菲律賓電話，財團貸款建築事無問題，二十日派員來面洽。

華岡交響樂團今晚在國軍文藝中心作首次演出，指揮蕭滋博士，並由唐鎮女士指揮音樂系學生兩百人合唱。

為謝鴻軒撰駢體論衡序。

1 月 11 日　星期四

王撫洲、高仲芹、林二，三先生來訪，決定聘高為電腦研究所理事長，林為所長。

林二，南昌路一段 35 號，電話 326780。

CHUNG-CHIN KAO

DIRECTOR

CHINESE LANGUAGE AUTOMATION

LABORTORY

TAIWAN OFFICE:

CHINESE TELEPRINTER CORPORATION

#18 LANE 121, SECTION 1

CHUNG-SHAN ROAD N. TAIPEI

TEL: 585353

110 BROOKLYN AVENUE

FREEPORT, NEW YORK 11520

TEL: 516 223-8669

王抗曝君自美來函，告以本校研究生在歐美新近得到博士四人。

與七位本校國學博士晚餐，談出席教育部談話會事。

1 月 12 日　星期五

四時教務會議，余提下列四案均獲通過：

一、分七學部，各設主任一人，俞叔平、關世傑、查良鑑、盧毓駿、詹純鑑、林崇墉、李梅樹。

二、新增所、系、組，及組設所、系案。

三、新知叢書一百冊，仿法國出版袖珍百科全書。

四、藝術館（大忠館）內部佈置及工作計劃。

（一）華岡藝術總團

（二）華岡藝苑

（三）華岡筆會

1 月 13 日　星期六

助教會談（四時至六時），宣讀華岡之關鍵人物。助教分別自我介紹，並提出問題，余作總結致辭。

宋越倫來函，定二月初返國，就日本研究所所長職。

陶太庚自美來函，詳告在美國與檀香山開拓國貨市場情形。

張立齋先生贈其藏書予本校圖書館。

上海商業銀行營業部襄理于元鴻來訪（館前街二十八號，339593）。

王吉林交付日用參考百科全書工作計劃。

新嘉坡通訊

陶劉光藜

其昀先生大鑒：

此番赴台有緣面聆教益誠為天意，返星後經與外子欣伯及欣光信託基金委員會商討後，同意劃出台幣壹佰萬元樹立「伯明樓」匾額於九層巨廈正面聊表孝思，並希儘可能有一較永久性之設計以代表木製匾額則較為完善。

至於捐助芬資獎學金十名事，擬委託在台代理銀行每年撥付以符合基金會之章則，如何之處尚祈示覆以便

遵辦。

耑此即頌　時綏

陶劉光蔾上　十二月廿七日

遴選之立法委員十五人，姓名及重要經歷如次：

選區	姓名	經歷
第一選區	林以文	留日華僑聯合總會會長。
第二選區	徐　亨	香港游泳排球裁判聯會會長等。
	謝伯昌	九龍總商會理事長等。
	黎晉偉	工商日報、香港快報主筆。
第三選區	阮樂化	越南華文新越報董事長等。
	張亦錚	曼谷黃魂中學校長等。
	蔡廷碩	菲華反共總會常務理事等。
	簡如茂	僑校校長等、僑報撰述委員等。
	郭武林	椰加達中華總會理事及中華商會理事。
第四選區	梅友諜	全美華人福利總會理事長等。
	司徒政	美洲鳳倫總公所主席等。
	宇托 · 多吉王純	曾任西藏婦女會主席，現任美國費城賓夕凡亞大學講師。
	陳錦濤	厄瓜多中華總商會正會長等。
第五選區	孫耀光	婆羅市中華公所主席。
	劉彰德	南非杜省中華公會副會長、僑聲報董事。

遴選之監察委員五人，姓名及重要經歷如次：

選區	姓名	經歷
第一選區	李恒連	漢城商工會理事長等。
第二選區	黃耀錦	港九工團聯合會常務委員。
第三選區	陳烈甫	僑校教授、校長及僑校聯合理事。
第四選區	甄庸甫	全加中華會館理事、醒華日報副董事長。
第五選區	陳作睦	布利士彬華僑公會會長。

1 月 14 日　星期日

　　前中國青年商會會長汪尚鈞（現在檀香山），由吳岱勳偕同來談。

TRYCK, NYMAN & HAYES, INC.

Engineering / Surveying Photogrammetry

Suite 204

765 Amana Street

Honolulu, Hawaii 96814

808/949-6486

Telex 634142

Scott C. Wang, P. E.

Vice-President

住宅 941-2863

李安贈精忠小誌（杭州岳廟）。

郭勇自舊金山寄來張大千四十年回顧畫展圖片。

羅錦堂先生自漢堡來函，預定三月中旬返台，住至九月初，可為本校講學。

吳本中自法國寄來「孔子學說與湯恩比」一文極好，交華學月報發表。

陳慶善先生在美國密蘇里州林肯大學任教，索有關中國現代史之參考書。

王藍先生送我水彩畫海景一幅。

1 月 15 日　星期一

四時舉行財務會報，商陰曆年曆支付事宜。

中午十二時請百友會第一批十一人餐敘（潘維和等）。

田曼詩自荷蘭來函，在歐洲作畫展。

孔秋泉先生五月間回國，願在華岡講學，擬聘為韓文組主任兼所長。

郭松雄自瑞士來函，介紹齊爾品來華岡講學（音樂家）。

Mr. Alexander Tcherepnin,

2 Rue de Furstemberg, Paris-6E

170 West 73 St. N.Y. N.Y. 10023

日本山室三良教授將于三月五日來台北，廿四日返國。

樓桐孫先生夫婦偕顧立凡夫婦來訪。顧係學校創立時工學門助教。

致日本胡蘭成先生書。

1月16日　星期二

蔣緯國先生在本校區黨部演講。

蔣雍（百里先生之女）偕其女（吳經熊先生最小媳婦）來訪。

吳經熊夫人告教育部擬吳德生、林語堂出席巴黎東方學會百周年大會。

中午請百友會第二批十人午餐。

復馬孝駿先生信，同意其附設音樂學校。

王忠志女士來訪，並贈西洋音樂增進之研究及中外名歌選二書。

六時參加大忠館包工聚餐，予以勗勉。

紐約王濟遠先生寄來贈予對聯一付，又贈圖書館一副。

舊金山新當選立委司徒政來函。

1月17日　星期三

九時中央常會，嚴副總統訪美經過與感想。

看李霜青「中文系與文藝系論戰」平議。

華夏導報本學期出至今天為止，三月一日復刊。

約見畜牧系三年級同學梅汝彪，解釋本校五年制專修科之理。

歐豪年先生允編新知叢書中藝術論文集。

本年十月二十五日為黃克強先生百年誕辰，擬編印紀念冊徵文。

邢光祖復函：「承教勿不知以為知，自當自勵共勉」。又云：「附陳新雄博士華翰，見具引證詳實，考據精確，名師高徒，相得益彰。」

中華民國史料研究中心將于星期六下午三時開會。

新加坡魏維賢寄來贈有關南洋書籍十餘種。

1 月 18 日　星期四

應陳效仁博士之請致顏春暉書，為血清出口事。

華夏導報自今日起因寒假停刊。

修澤蘭女士來訪，談華林新社區事，並赴碧園農場一行。

與藝術館工程師談話，促其趕工，務期于三月一日啟用。

大興館彩色圖案于今日出版之創新周刊（73 期）作為封面。

中午與百人會第三批談話，二人未到。

接見宋執行長（救國團）之子，建築系四年級生。

曉雲法師推薦曾興平（碩士班）留校。

蕭信雄（國文一屆）擬競選汐止鎮長，囑致函台北

縣市黨部黃雲樓。

宇野精一寄來論文「道之意味與其變遷」。

1月19日　星期五

下午四時興業會報，通過公司綱要、華林實驗社區、碧園實習農場等計劃。章致誠提議致力蠶絲業極有價值，桂昌世報告超級市場，關世傑談地熱問題。修澤蘭女士亦出席，大恩餐廳決定由梁玲宜女士主辦。

上午合作研究所開會，到樓桐孫、洪樵榕、馬君助等。

中午華岡藝術總團敘餐，與丑輝瑛女士談華岡交響樂團改進事宜。

大忠館各系科房屋分配，及三月一日啟用前趕工問題。

致函項迺光先生，請其擔任大陸近況研究所所長。

吳相湘先生談「學長」問題，致函復之，目前不好用此名稱。

宋旭軒擬赴美講學一年，告以目前不宜。

1月20日　星期六

梁玲宜教授偕家政系助教談華恩餐廳計劃。

周漢蓉自西德來函，告史文德教授新著及索高雄港資料。

黎東方教授自美來函，須至九月返台。復函促其提前于六月底抵台。

陶劉光藜女士近赴香港，擬先匯四萬元作為芬資獎

學金，伯明堂區請改為大理石雕刻。

日本山室三良教授定三月五日自福岡來台，廿四日返日本。

張九如寄來尹仲容先生年譜初稿。

宇野精一送來近著「道之意味與其變遷」（鈴木博士古稀紀念）。

復陶太庚信寄檀香山。

史元慶教授將出國，系務請國賓詹總經理暫代。

上星期反省錄

孔秋泉將回華岡任教。

合作研究所擬獨立。

教部擬請吳德生赴巴黎出席東方學會百周年紀念。

百友會第一批籌款得二百四十萬元。

修澤蘭著手華林新社區計畫。

興業公司各分公司工作初步已有成效。

尼克森就職典禮（二十日）。

越戰損失略計

死亡人數超過百萬　耗費千三百億美元

美聯社特稿

越戰造成的生命及財產損失非常驚人。下面是越戰損失情形的概略統計：

傷亡情形：國防部說，一九六一年到一九七二年底間，美軍有四萬五千九百二十八人陣亡，三十餘萬人受傷。越南指揮部說，在同一時期，越南有十八萬

六百七十六人陣亡，北越及越共估計有九十二萬一千三百五十人陣亡。

美國參院難民小組委員會估計：一九六五年到一九七二年間，越南境內的民眾有四十一萬五千人喪生，九十三萬五千人受傷。

稅捐損失：越戰消耗美國納稅人近一千三百七十億美元的捐稅。

1月21日　星期日

朱元教授來訪，贈日本語文綜合本上下冊。

王鎮宙之弟鎮強（信託局人事室副主任）送來鎮宙遺照，登美哉中華。

賴秀雄當選為華岡留日同鄉會會長，來函請余寫信給同學會嘉勉。

高渠來書，介紹國際電化製品公司董事長洪建全、敏隆公子。洪氏辦有文化基金會，該會出版書評書目雙月刊。

張立齋先生自香港來本校就職，中午在大恩館十樓宴請，並請畢林斯博士等。

瞿立恒偕英語系第一屆畢業生來訪，請其為英語學會募捐十萬元。

黃造雄願在本校教課，婉卻之。

1月22日　星期一

大恩塔鳴鐘（十二時），吉祥寺續祥法師主禮上供。午餐有周兆棠參加。

詹純鑑陪新當選省議員林耿清（善化鎮人）來見，渠投資碧園農場二十萬元。

四時財務會議，定廿五日起發放下月份薪水，並通過實習銀行章則。

桂昌世在會中報告籌備超級市場情形。

夜間部一屆（法）學生穆安子來信，介紹美國女生柯美玲來校進修。

起草我對華岡交響樂團的希望，並請羅茂彬君譯為英文。

吳德生夫人來談，告以家庭情況及幾位兒子的態度。

1 月 23 日　星期二

監委陳大榕、馬空羣來談，一部分監委擬推馬氏競選副院長。

陳宏時陪其姨丈來，協助設立蠶絲專修科事。

陳效仁今晨謁見嚴副總統，述其談話情形。

六時廣告研究所開會，董事長劉恆修、所長周大同致辭。

約見音樂系吳季札主任，告以對華岡交響樂團之方針。

今日為一二三自由日。

謝鴻軒來訪，謝為其駢文論衡作序。

1 月 24 日　星期三

九時常會，主題為越戰結束後我國因應之方針，與對留美學人因應毛匪統戰問題。

陶太庚來函，華岡貿易公司在檀香山成立有關手續。

陳效仁囑寫信給徐煥昇、周一塵，請聘陳效仁為顧問。

馬樹禮先生介紹旅日僑商黃秋茂來訪，未遇。

丘正歐來函，教部調其返國，二月底離法回台。

陳立夫介紹吳傑來見，欲在本校美術系任教，以無課卻之。

施建生偕其夫人（夜間部家政系教插花）來訪。

士林高中校長邵夢蘭女士來訪。

1月25日　星期四

陳維槼同學留學韓國慶熙大學，回國度假。送來李相殷先生所著書。

中午宴請黃秋茂先生，渠為旅日（和歌山）華僑，許君豪君作陪（泰利旅運公司副社長）。

謝鴻軒囑為其書駢文序補幾句。

兒童文學家嚴友梅女士送來其著作數十種。

龐禕女士（楊寶琳委員之女）舉行畫展。

方廷杰在本校博物館之畫展，極富于創造力。

陳祚龍自巴黎來函，詢及七月間國際東方學者大會事，我國已定者為吳經熊、林語堂、杭立武三位。

1月26日　星期五

下午三時中央黨部留美學人問題專案小組第三次會議——加強匪情研究與三民主義教學問題。

陳德昭建議事項，二月十九日中文學會成立大會。

上午十一時出版會談，至下午一時許結束。對日本簡明全書出版事，予以檢討。

晨間周道濟來訪，暢談商務印書館事。

對華岡學府今後大門有新的設計，中山坊—中正坊大興館（研究大樓）—大榮館（建教大樓）—陽明池—孔子大道、老子大道。

對大恩館車房設計圖交周中勛先生。

1 月 27 日　星期六

越南停戰協定今日在巴黎簽字。

上午九時國際關係研究所杭立武先生陪同美國胡佛研究所副所長巴克農氏來訪。

十一時熊慧英女士約在大恩樓十樓，對兒童福利組同學（約廿人）談話並午餐。

十二時舉行大忠館建築工程會談，以三月一日為目標，完成音樂廳之佈置。

蕭滋博士來函，對華岡交響樂團有所說明。

美哉中華二月號今日出版。

劉光藜女士自香港寄來芬資獎學金，值新台幣四萬元，擬作為華岡青年十名獎學金。

國防研究院人事室主任李忠琦來訪，渠已被派至土地資源委員會（在台中）任職。

本星期預訂工作課目

中國歷史文物百科全書

一、上古

二、秦漢三國

三、兩晉南北朝

四、隋唐五代

五、宋代

六、遼金元

七、明

八、清（上）

九、清（下）

十、民國

十一、銅器

十二、瓷器

十三、諸器物

十四、繪畫（上）

十五、繪畫（下）

十六、雕刻

十七、建築

十八、書法

十九、印刷

二十、美術工藝

1月28日　星期日

　　舊金山遴選立委司徒政偕倫偉良見達，立法院定二月廿三日開議。

　　吳敬基偕余世森來訪，談夜間部商學四系學生合辦實習商店事。

　　陳水逢伉儷來訪，建議派喬寶泰出國考察外國大學

三個月。

蘇振申來談關于史學系日文組，及日本百科全書編纂經過。

國大代表寧波同鄉吳月珍女士為本校捐款一萬元。

閱國民大會聯誼會簡史，甚有用。其圖片送美哉中華發表。

美術系寒假赴外縣展覽，囑為致函台中圖書館免費優待。

復蕭滋博士函，解釋交響樂團今後之方針。

焦沛樹伉儷來訪，告其子仁和在美攻讀博士學位。

1 月 29 日　星期一

吳峯自美回國，派在東西文化交流中心服務。

舊金山朱開均介紹梁楨先生及夫人，擬請其女公子（康奈爾大學文學碩士）在英文系教課。

國大代表寧波同鄉吳月珍女士捐助建校基金一萬元。

四時舉行財務會報，上學期收支各約四千萬元。

百友會第一次捐款達二百萬元（含存款）。

喬寶泰報告與蔣孝勇談話情形（華欣公司）。

馬來亞僑生林寶美將赴日本半年學插花。

藝術研究所二年級生曾興平願留校服務，可予考慮。

1 月 30 日　星期二

慶曆大學【慶熙大學】文理學院院長趙炳華來訪，約其陰曆元旦中午敘餐。

蕭滋夫婦偕丑輝瑛女士見訪，申述余對華岡交響樂

團之主張。

紐約日報主編梁楨（Lucas Liang）偕其女公子來訪，為其女入華岡學習中文事。

台糖公司顧問李毓琪女公子艾葳，擬自高雄文藻專校來華岡旁聽。

午飯後偕周中勛視察藝術館建築，順道視察華岡銀行。

喬寶泰偕夜間部畢業生蘇順國來訪，願為百友會之一員。永達工專（屏東麟洛）秘書兼總務主任。

陳浩二自慶曆大學【慶熙大學】來信，云元旦趙永植校長夫婦在其公館招待華岡同學。

張溯崇定三月十日上午舉行國學博士口試。

1 月 31 日　星期三

上午九時常會，葉翔之先生報告赴美考察經過與建議，極重要，黃杰一番話很深刻。

陳修平夫婦來訪，謝美哉中華登其圖片，並購一百冊。

國大代表蒙古籍烏恩高瓦偕其夫（李毓琪先生）與女公子來訪，擬轉學本校音樂科。

葉詠琍偕柯淑齡來訪，談百友會事。

楊胤宗為兼任，薪水未曾領到，來函訴苦。

周憲文出版稻梁集一書。

華岡銀行送來百友會捐款冊。

中午十二時教務處二組同人聚餐，余應邀致辭。

韓國建國大學理事長劉一潤、教授申東旭來訪。

美國聯合參謀首長認為越南停火將招大禍
美作家安德森演說指出
合眾國際社路易斯安那州巴盾魯日卅一日電

專欄作家傑克安德森星期二晚說，美國的聯合參謀首長相信，越南的停火會崩潰，北越在一年之內就可吞併南方。

他在路州大學演說中還說，美國的長久介入越戰，已使越南的民主死亡，並且使美國失盡面子。

安德森說：「我有方法從聯合參謀首長處獲悉未來演變的估計。他們的估計就是停火會失敗，而且北方終將控制南方。」

這位曾獲普立茲獎金的作家說，在美國軍事介入越南之前，越南有過民主，其村長和鄉長是由人民選舉的。

「如今已不見民主」，他說，「各村各鄉的民主都已廢止」。

安德森說，美國軍方預期阮文紹的越南政府會在政變中垮台。

他說：「足夠的佐證顯示，北越正派遣政治幹部至南越。那些經過訓練而有技巧的政治煽動者，將充斥越南。」

他說，阮文紹「正在準備加緊對越南的掌握，以從事政治鬥爭」，但美國軍事領袖們相信，阮文紹的努力將證明徒勞。

安德森說，中南半島戰爭是美國外交史上最黑暗的時期。

他說：「美國在當前這個時代，從沒有像現在這樣被舉世所責難。光榮的和平在那裡？我們從沒有像現在這樣被舉世所鄙薄。」

他稱中南半島戰爭是「一次軍事上的挫敗，一次民主的災禍和一次政治的瓦解。」

The association, known in Japanese as Ato Kankei Kyokai, is the thin thread that maintains tenuous relations for the "Republic of China" with Japan.

Some of the former officials of the Republic of China Embassy are now staff members of the private organization.

The association was established by about 45 Chinese business leaders in Taiwan headed by Chang Yen-tien, a former vice minister of Foreign Affairs. The Tokyo office is located at 1-8-5 Higashiazabu, Minato Ward, Tokyo.

The head of the Tokyo office is Mah Soo-lay, who arrived here on Jan. 26, and his primary concern is, understandably,

【後缺】

2 月 1 日　星期四

鄭嘉武接任總務處主任。

新選民意代表今日報到，國民大會方面由喬寶泰致答辭。

金門新選立法委員吳金贊（裕民）偕喬寶泰來訪，欲在本校進修。

王美奐寄來論秦道一文，交文藝復興發表，並勸其回校教課。

復馬孝駿書，其樂理和聲學與對位法列入新知叢書。

復高渠書，請廣告研究所發動捐款，並託劉恒修先生為華岡銀行吸收存款。

復香港余蓀庭，託其物色大營造廠在華岡興業。

中午十二時請第二批百友會第二次敘餐。陳欽銘、李紹盛、李福臻、陳國寧、陳千英。

張立齋寓其弟子張桐處，來函論小學之真義。

王生善偕其未婚妻來訪，謂舊金山華僑請其出國表演中國人。

2 月 2 日　星期五

吳相湘來訪，談美國學人設法搜集中國現代史料事。

何志浩贈書兩冊：中華學府、中國民歌組曲集第一輯。

馮文質談華岡羅浮童子軍，男女共七十餘人，女生二十九人。

曉雲法師函，高山塔頂坐禪，行香七天，願今後能倡導隋唐禪風頂天立地之精神。又云本所有永明寺蓮華

學園青年代值日照料。

　　林滄城來函，建議成立生物化學系。

　　岡田武彥先生寄贈王陽明肖像，明曾鯨筆，彩色未
文，日本三輪氏舊藏。

　　魯蕩平先生寄來致尼克遜與田中備忘錄。

2月3日　星期六

　　陰曆元旦。

　　中午照往年例請華岡同人午餐，並授予慶熙大學文
理學院院長趙炳華以哲士榮銜。同席有胡佛研究所圖書
主任馬大任先生，餐後陪其參觀。

　　蕭滋博士夫人吳漪曼告其生活近況。

　　藝術館工程今日並未停工。

　　王藍、鍾鼎文及本校留韓同學多人回來陪趙先生。

　　張立齋贈經典釋文與齊白石畫。

　　葉霞翟、倫偉良、歐豪年等闔家來拜年。

	一日	星期四	第二學期開始
	三日	星期六	春節放假開始
	五日	星期一	春節放假結束
	八日	星期四	教師送學期成績及補考試題
二月	二十日	星期二	（一）寒假終了，大專部開始註冊選課 （二）夜間部寒假終了
	廿七日	星期二	大專部註冊選課結束
	廿八日	星期三	（一）博碩士班研究生註冊選課 （二）夜間部學生註冊選課開始

第二學期行事曆

三月	一日	星期四	校慶
	二日	星期五	（一）開始上課 （二）公佈補考名單
	五日	星期一	夜間部學生註冊選課截止
	六日	星期二	夜間部開始上課
	十日	星期六	本日起補考兩日
	十五日	星期四	大專部辦理加退選開始
	十八日	星期日	夜間部補考
	十九日	星期一	（一）本週內申請博士班學科考試 （二）夜間部加退選開始
	廿一日	星期三	大專部加退選截止
	廿四日	星期六	夜間部加退選截止
	廿六日	星期一	本週內博碩士班加退選
	廿七日	星期二	六十二學年度博碩士班招生委員會第一次會議
	廿九日	星期四	青年節放假一天
	三十日	星期五	本日起春假放假三天（卅、卅一、四月二日）

四月	三日	星期二	（一）博士班學科考試委員報部 （二）本週內碩士班申請參加論文口試
	五日	星期四	民族掃墓節放假一天
	九日	星期一	本週內繳回碩士班論文口試申請表
	十六日	星期一	（一）本週內研究生舉行期中考試 （二）本週內博士班申請第二外國語文考試
	廿六日	星期四	夜間部期終考試開始
	三十日	星期一	本週內期中考

五月	二日	星期三	夜間部期中考
	四日	星期五	博碩士班學科考試
	五日	星期六	（一）畢業班研究生停課 （二）博士班第二外國文考試
	七日	星期一	（一）本週內博碩士班應屆畢業生繳學期報告 （二）夜間部轉系申請開始
	八日	星期二	應屆畢業研究生第二外文考試
	十二日	星期六	（一）六十二學年度博碩士班新生入學考試（待討論） （二）夜間部轉系申請截止
	十三日	星期日	六十二學年度博碩士班新生入學考試（待討論）
	廿五日	星期五	全校假移交開始
	廿八日	星期一	（一）畢業考試開始 （二）本週內碩士班畢業生繳論文
	三十日	星期三	夜間部畢業生停課
	卅一日	星期四	全校假移交結束

六月	一日	星期五	（一）本月份碩士班應屆畢業生舉行論文口試 （二）夜間部畢業考試開始 （三）開始辦理轉系申請
	二日	星期六	畢業考試結束
	七日	星期四	夜間部畢業考試完畢
	十日	星期日	畢業典禮
	十五日	星期五	公佈應屆畢業生補考名單
	十八日	星期一	本日起停課
	十九日	星期二	（一）學期考試開始 （二）夜間部本日起停課二天 （三）研究生繳學期報告
	二十日	星期三	轉系申請截止
	廿一日	星期四	（一）應屆畢業生補考開始 （二）夜間部學期考試開始
	廿五日	星期一	（一）學期考試結束 （二）六十二學年度五專新生招生委員會 　　　第一次會議
	廿九日	星期五	夜間部學期考試完畢

七月	一日	星期日	（一）暑假開始 （二）應屆畢業生辦理離校手續
	九日	星期一	五年制專修科新生入學考試報名開始
	十一日	星期三	五年制專修科新生入學考試報名截止
	十六日	星期一	收集各系課程預定表
	二十日	星期五	（一）五專新生入學考試 （二）教師送學生學期成績及補考試題完畢
	卅一日	星期二	第二學期終了，學年終了

2月4日　星期日

昨日拜年者 210 人。

譚鎮遠夫婦來訪，贈百孝圖並邀請吃飯，婉卻之。

侯健教授（台大英文系）來訪，為研究白璧德之專家。

薛光前來函，託大來輪船公司保健輪丁慶椿船長帶上贈書十箱（丁氏為語文系助教丁台君之父）。台北市許昌街，三月中旬抵台。

周克忠自舊金山來函，具見愛校之誠（華岡六年都

市計劃組碩士）。

王濟遠先生自紐約為博物館開畫廊，紀念其夫人事。

國防研究院人事室主任李忠琦在台中做事。

黃社經捐助詩學研究所十萬元。

2月5日　星期一

昨日拜年者四十人。

李士英研究相術，寄來「命運在你的手中」一書。

岡野正道寄來肥皂一箱。

整理英國出版地理學雜誌參號。

國立歷史博物館贈送張大千畫集一冊。

故宮博物院送來宋人墨蹟集冊第十五輯。

侯中一先生自台中寄來小康計畫小冊子。

請李梅樹先生畫劉伯明先生像。

擬「健全財務鞏固校基案」，油印 200 份。

許智偉偕張植珊（教育學院輔導學系主任）來訪，未遇。

2月6日　星期二

昨天拜年者八人。

陳宗熙見訪，願參加今年在巴黎舉行之東方學會議。

陳祚龍先生來信，並寄來雲樓新筆：一、法國的宋代研究計劃；二、韓百詩「明代蒙古歷史文獻譯注」。

周漢蓉自德來信，告薛文德教授（Schwind）近況，及對我國對外政策之建議。

宋越倫兄定十三日搭中華班機返台。

蘇瑩輝寄來馬來西亞地誌資料四篇論文。

王洸來訪，談方廷杰之貢獻。

韓國大邱市嶺南大學校文理學院李完載教授來函。

休士敦大學黃振榮教授在台寓信義路一段二十巷一之一，351111（353111）。

2月7日　星期三

蔣彥士部長約見國學博士五十七人，本校佔七人。王吉林等為本校正名事，有上部長書。

九時常會，嚴副總統報告赴美弔詹森喪事經過，謝主席東閔報告小康計畫。

劉光藜女士自新加坡寄來劉師遺著思維術。

張維福院長寄來除夕疊韻詩。

南伊州大學郎豪華教授寄來 Hugh Gaine 一書，美國建國初期一位記者。

今日中午中華倫理科學教育協會（于斌、譚鎮遠）午餐，未往。新生南路一段一六一巷五號，724693、721790。

慶熙大學徐仲錫博士寄來「美國對遠東政策」一書。

藤田梓教授請其勿辭，請假可也。

澳洲雪梨大學教授劉謂平夫婦參觀本校，並共晚餐。

吳岱勳來見，談觀光系事。

2月8日　星期四

本黨六十二年春節教授同志年會在國父紀念館舉行，嚴副總統主席。本校考績在私立大學中仍列第一。

蕭院長為發言人之一，中午敘餐。

黃翊華介紹吳祖祿（東陽人）來見，談及美籍何夢思女士來校進修事。吳係政大幹校一期，林肯大學碩士，加大一年攻心理學。

年會教授發言要點：共同科目、訓導工作、新聞觀光部（西班牙已設）、外國電影廠合作、以資短期訓練。

畫家郭燕嶠來訪，湖南桂東人，現任職台糖企劃室。

冬令青年自強運動反共教育研究會及大陸問題研究會，在華岡展開三天至五天的研究活動。

張步仁自希臘來函，復書嘉勉。

王正義？

2月9日　星期五

日本天理教全國代表暨梅華會親善訪華團團長上原繁雄、副團長安藤廣郎來訪，下午二時在顯光堂茶會。團員約五十人，大部分為日本各地教會會長。上原氏年逾八十，為教會中地位最高之五人之一。真柱（教主）另率一團訪問歐非各國。梅華會：梅為天理教教徽，華為中華民國，足見其與我國關係之密切。村上嘉英為該團幹事。中國天理教總會在建國南路五十三巷一號（七八五六〇六）。贈予「秘籍圖錄」一冊，送珍本文庫。又掛鐘送僑賓堂。

顧季高先生惠贈二書，「管艇書室人文論著譯述彙刊」、「管艇書室學術論叢」。

紐約華裔黃淑賢女士為紐約市立皇后大學學士，願

來本校教課。

　　致陳宗熙書，為其出席巴黎東方學大會事。

2月10日　星期六

　　九時訪黎晉偉于中國大飯店（新遴選之香港立委），贈我嘉柏樓詩詞（送珍本文庫），並唔謝伯昌，他們今天赴立法院報到。

　　復舊金山王天循書，渠在中央日報發表桃源行長歌，極壯麗。

　　陳百藥家屬捐款十萬元，在大義館七樓立百藥齋以為紀念（詹純鑑介紹）。

　　梁寒操女公子上元將畢業台大植物研究所，欲來本校服務。偕其未婚夫同來，闔家莫之親戚。

　　觀光系史元慶與吳岱勳為愛迪生紀念會學生實習事發生爭執。

　　擬定與重光營造廠廖遇和（南京路三段十二號）談話要點。

2月11日　星期日

　　愛迪生紀念會。

　　看完諸子集成儒學類，繼續讀老子，有心得。

　　高崇基回國結婚，日內赴韓。

　　馬孝駿長函，對華岡音樂發展有具體的建議。

　　田曼詩自德國來函，稱陳沛泉在德經營貿易極成功，現任西德華僑協會會長。

　　西德薛文德教授來函，寄其個人詳細資料。

　　王濟遠自美國寄來水彩畫兩包、水墨畫十二幅、書法八件，全部三十件，在潔儉齋陳列之。金華街漢華文化事業公司劉雅農代送。

　　侯叔達來函，對籌款事成立督察小組，婉卻之。

　　陶太庚自檀香山來函，囑由貿易公司寄 350 美元以應需要。

2 月 12 日　星期一

　　復馬孝駿信，歡迎其來華岡辦音樂團。

　　與重光營造廠長廖遇和商洽建築事宜，已有成議，參加者林崇墉等。

　　黨務績效檢查，私立大專院校以本校為首，文化復興運動亦以本校為優等第一，為公私立大專院校之首（其次清華、師大、興大）。

　　張善仿擬應徵新嘉坡大學教職，囑余為推薦人。

　　擬定校慶晚會節目。

　　葉醉白來函，呈華岡博物館「一飛成龍」天馬一幅，如出售請定台幣十萬，得款捐助本校云。

　　駐韓國羅英德大使來函，以朴英俊將軍以往對我國體育上要求韓國奧會支持時協助甚力，囑贈校名譽博士，允之。

2 月 13 日　星期二

　　宋越倫先生下午三時五十分抵台，晚在華岡餐敘。

　　復新加坡東南亞教育研究社王秀南先生信，出版事可予協助。

高渠介紹聘洪建全為廣告研究所常務董事（捐五萬元）。

本校同學陳延輝畢業于師大三民主義研究所，後赴德留學，寄贈德文書二冊。

午飯後往大成館附近視察陳宏時先生新近所種樹木。

曾道雄先生來函，為其妻陳素珍服務事，囑向台北女子師範專校校長孫佩德【孫沛德】女士介紹，允之。

韓國嶺南大學李瑄根校長派其師範大學長兼博物館長沈載完來訪，談合作事。

慶熙大學尹永春教授寄來「十九世紀東西文學」（博士學位論文）。

加拿大卑詩大學魯濱孫教授寄來卑詩大學地志一冊。

2月14日　星期三

本日外匯停頓交易。

致陳水逢信，其日本研究所與東方語文學系主任職務，請宋越倫先生繼任。

高渠寄來洪建全先生所辦台灣松下電器公司出版松下企業月刊「松風」第62期（五年了，中華彩色承印）（松下幸之助）。該公司洪董事長、岡田總經理、員工眷屬二千餘人。中和鄉員工村員山路五五一號，T（九六）五一 二一 一九。

王抗曝在康乃爾大學得博士學位，後在航空實驗室研究，著「環境工程辭典」即將出版。

上午常會，余主席，李國鼎部長報告財政政策。

中午為籌備機械學系，請張靜愚先生等吃飯。

新任建築系主任林澤田來訪，鄭嘉武陪見。

2月15日　星期四

洪順隆（師大留日同學會總幹事）贈西洋大辭典（京都大學文學部西洋史研究室）。

酒井忠夫贈中國善書之研究。

張興唐先生介紹陸軍少將李炎武先生來談，現任電力公司顧問（民族西路大同新村二九號，T 517790），謂其婿王樞（字子倫）可為本校協助。

致函張興唐先生，請約建築商一談。

葛孚謙由教育部派任本校總教官，其叔岳父為立委延國符先生。

徐棄疾將赴美考察一月，今來辭行。

朱慶堂持美國貸款函來談。

2月16日至17日　星期五至六
【無記載】

2月18日　星期日

中文學會五項抱負。

中文學會系友聯誼會，余發表「中文學會五項抱負」講辭。

台中省府刊印「中國當代書畫名家選集」，編印甚佳。

吳靜博士來訪，與談醫學院發展計畫。

唐鑫源先生自休士敦來函。

楊日旭先生來函，囑寄二次戰後建都之爭。

周秉繼赴洛杉磯久居，來辭行。

2月19日　星期一

華僑救國聯合會歡迎海外立、監委員（濟南路二段二十八號）。

麥壁圖書館命名。

中午（百友會第二批第二次聚餐）曉雲法師在永明寺宴請劉謂平夫婦，十二時半。

陳在勳自鳳山軍校來函，四個月後可退伍。囑其屆時返校在華岡興業公司服務。

下午三時舉行國家安全會議（重慶南路一段一二二號介壽館）。

上午十一時財務會報，指示下學期財務調度方針。

上午八時在圓山大飯店訪吳靜博士，商醫學院籌設事宜。

研究美國海外供應公司業務簡介，聯絡人為陳友金。

日本國際勝共連合送來圖書一批。

請趙振績製春秋坊三字。

2月20日　星期二

八時宋越倫造寓，來談近年中日外交實況，今後決從事學術工作。

張興唐、李炎武介紹台港開發實業公司董事長唐書敏來訪（泉州街三十九號四樓，T 339137），商洽建築校舍事宜。

　　中午招集有關各系主任，討論本校充實設備計畫，午餐三桌，魏嵒壽、戴運軌等均到。

　　黎晉偉偕其子來訪。

　　曹文彥自美寄來世界年報（*1973 World Almanac*）。

　　喬寶泰談出國計畫進行近況。

2 月 21 日　星期三

　　九時常會，李國鼎、俞國華報告匯率問題。

　　沈展如自休士敦寄來「新莽全史」稿本一部分，請馬先醒審核後再復。

　　台大地質學系郁昌經來函，云係郁巔祥師之公子（已逝世，年八十四），現主講岩石分析學，長于書畫。

　　香港李撫虹教授寄來書畫（古松）。

　　孫多慈偕楊美華（其夫蔣肖燁，經濟系第二屆）來華，願住華岡新村作畫。

　　中午舉行本校針灸研究所理事會成立會，預定請黃民德為所長，吳靜博士為名譽所長。

2 月 22 日　星期四

　　項迺光先生聘為專任教授兼大陸研究所副所長，葉翔之為所長。

　　王民信先生影印羅雪堂先生全集，贈余一部。文華出版公司，葉漱石先生所初印也。

　　郭勇自舊金山寄來其所主持之舊金山國劇研究社在兩大學演出之劇照。

　　斐律賓艾里普博士（學術院哲士）寄來菲律賓史學

雜誌及其所著「華僑在馬尼拉」論文。

　　電新加坡陶欣伯、劉光藜夫婦，請在三月一日蒞臨華岡，舉行伯明樓懸區典禮。

　　六時由關世傑約集理學部各系主任晚餐，會商增加設備事宜。

2月23日　星期五

　　起草「華岡四歲」。

　　下午四時出版會談，決定本年度四大方針：（一）新知叢書；（二）大學辭典；（三）重版要籍；（四）美哉中華華岡十年特輯。

　　李殿魁報告大學辭典編輯情況。

　　安密邇等自南部訪問回來。

　　包遵彭先生紀念集出版。

　　王軼猛先生寄來書法（大順公司）。

　　宋越倫夫人洪霞慶女士來函，現住美國美里蘭州，其女在美執教。

　　陳典訪美回來，贈送萬象回春圖，轉贈博物館。

2月24日　星期六

　　華岡育英會報告，獎學金 87 種，金額 194 萬元，得獎人 767 名。

　　曉雲法師曾參加護國法會，並函請鐘樓美化。

　　函戴伸甫【戴運軌】，請其放手策畫應用物理研究所。

　　中午邀集夜間部百友會同學便餐，到二十人，歷時

三小時。

擬定伯明文庫簡略，此為大學文庫，並請喬寶泰出國訪問時收集資料。

高渠來函，薦尹雪曼為文藝組主任。華視「電視方塊」主講人，秉性忠直，米蘇里大學文學碩士，文化局第一屆文藝獎得獎人。

林二先生對于本校電腦研究之計畫，送交劉承洲研究。

艾樹民（金山街五十五號）在夜間部教太極拳，贈藥膏。

上星期反省錄

美匪關係。

箴言報揣測，減少駐台美軍人數，從目前大約九千人，減少到三千人左右。

2 月 25 日　星期日

電新加坡劉光藜女士，請其參與校慶典禮。

函何顯重，祝賀其任台銀總經理。

新任總教官葛孚謙到校。少將，山東壽光，七七從軍，軍校 14 期步，三軍聯大，實踐學社，副師長，參謀長，教育長，五十二歲，輔導生活──服裝、儀容、伙食、交通、育樂、住宿。家住桃園，晚在大直外語學校上課。

英國劍橋大學耶穌學院裴肯教授寄來著作多種（Pirken, Jesus College, Cambridge, England）。

　　黎耀華女士自洛杉磯來函，告我現任市教育局中等學校資料館長。

2月26日　星期一

　　劉光藜女士電話，不能參加伯明堂上匾典禮，託吳老太太代表。

　　函紐約蔡啟榮先生，請其擔任亞太醫藥衛生中心籌備處主任。

　　與潘維和商談，是否決定請林二為電腦系主任。

　　蠶桑科籌備處朱永康、華林新社區管理員馮銓亨。

　　致西德陳延輝函（經58、師大三民所），嘉勉其愛校熱誠。

　　函吳永猛，請其儘速完成購置校地計劃。

　　擬定華岡交響樂團計畫八點。

　　下午四時財務會談，對本校財務有樂觀之展望。

2月27日　星期二

　　家政系教授吳明秀提出服裝科計畫，李春鶯同來。

　　中午請羅錦堂、王藍吃飯。羅可在華岡教書半年。

　　實習銀行同人在大恩館晚餐，邀余參加，主人柯綉珠。

　　韓國史學家金聲均來訪，並贈李朝實錄三十九冊。

　　馬孝駿先生三次長函，討論華岡音樂之理想。邀其擔任系主任。

　　桂昌世介紹服裝公司劉碧枝（羅東人），擬與其合作。

2 月 28 日　星期三

上午九時常會，沈昌煥報告外交，馬樹禮報告在日東亞關係協會情況，據告文化學院同學在該會工作者六人。

中午曉雲法師請吃飯，歡送喬寶泰出國。

萬驪囑為其母撰紀念文，即用其自撰稿復之。

決定以五千年史序論為第一冊，分十五章：

時代	國史上之
引論	民族
	民權
	民生
地域	都市
人物	
學派	著作
	文藝
思想	兵法
	邦交
宗教	民族性
	世界觀

3月1日　星期四

十時本校第十一屆校慶，提出十二項可喜消息：

一、百友會成立

二、知識青年黨部第一

三、文復會各大學第一

四、副院長競選成功

五、新聞系與密蘇里合作

六、戴、魏為華岡教授

七、三民主義百科全書

八、伯明樓與伯明文庫

九、黃秋茂名譽哲士

十、潔儉齋上匾

十一、美術系展覽

十二、圖、博二館間之天橋

十一時黃秋茂典禮，午宴來賓。

五時百友會成立，晚餐百友會。

七時半晚會，國樂、合唱、舞蹈、國劇。

徐吳亞男、劉光輝、嚴為琳（皖，含辦公室 773684、

773178）

3月2日　星期五

下午五時評議會：

一、通過編纂三民主義百科全書計畫。

二、喬副院長出國考察計畫。

擬聘馬起華為研究部主任。

時潮（國華）校址日月潭名勝巷十六號。

陳文三，台北市第十住宅信用合作社經理。羅（一）
125。

侯暢先生介紹湯武夫人湯成錦女士（金女大、西班
牙國立大學）。

徐晴嵐寄來共匪地圖冊。

3 月 3 日　星期六

寫成「喜事重重的良辰」、「百友會成立會致辭」、
「道教研究的新希望」。

成立建築公司事，約集商談。

丑輝瑛、吳季札談交響樂團事。

鄭士珪（曾任台灣研究所研究委員）贈探芳錄與動
物珍話。南投縣中央新村虎山路 24 之 18。

陳祚龍來函，留法華岡學會分會請莫詒謀組織。

林彝憲律師檢覈考試及格。嘉義縣大林鎮西林里中
正路卅號之一。

3 月 4 日　星期日

【無記載】

3 月 5 日　星期一

山室三良抵台，日航 751 便，15：10 著，二十三、
四回日。

考選部聘余為特種考試典試委員，婉卻之。

大興館工程決定減為八層（第八層為鋼架），大榮
館為七層，天橋在大興五層、大榮四層。

曾興平介紹工程所蔡獻倫。

晚六時請辦公室同人餐敘談話。蔡漢賢、程光裕、羅茂彬、呂秋文、陳欽銘、張行蘭、黃百傑、柯瑞琪、周川知。

張靜愚先生寄贈「世界基督教護教反共聯合會第二屆代表大會紀錄」中英文各一冊。

潘兆賢著近代十家詩述評，申請為研士，卻之。

華岡校友盧毓恒，廣東人，卅八，夜間部，警務處科長兼警察廣播電台新聞科科長。

3月6日　星期二

上午十一時與重光營造廠訂立建築契約（大興、大榮二館、藝術館未完工程、車站、水塔工程、靈泉）。

晚六時請圖書館同人敘餐。

山田勝美寄來譯註清代學術概況（大東文化大學東洋研究所）。

王忠魁辭植物系主任。

美亞書版公司協理黃永全轉送林語堂編當代漢英辭典。南京東路一段 48 號二樓，544915。

郭勇回來，舊金山中華藝術基金會董事，贈筆插。

3月7日　星期三

九時常會，討論思想教育與匪情研究案。

中午請華僑日報台灣辦事處（中山北路三段 34 號三樓）主任梁蘊明，與安樂園大酒店（中山北路二段106）副總經理王景曜午餐。

發劉光藜女士信，報告校慶概況。

六時請博物館同人晚餐。

確定大盛館名稱，含菲華樓、松雲樓、篤行堂、求
聖堂。

常會通過余俊賢為監察院院長候選人，周百鍊為副
院長。

曾虛白寄來譯介董顯光先生自傳前言。

胡憲民來函，介紹陳光智君（日文組二屆，教育大
學碩士）。

3 月 8 日　星期四

三八婦女節。周宏濤夫人逝世，年五十七。

十二時對本校知青黨部演講「黨務即服務」。

下午四時臨時財務會報。

下午六時出版部同人餐敘。

史學系第五屆畢業生高志彬（自辦國史研究室，注
重歷史地圖）來見。

新當選新竹籍省議員願來本校研究部進修（楊鈞福
介紹）。

本校研究部第一屆畢業生廖大林自美國德州大學
來函，介紹其師（M. L. Greenhut, Texas A&M Uni.）
訪台。

寫回教研究之新希望一文。

美亞書版公司協理黃永全寄來林語堂著「當代漢英
詞典」一冊。南京東路一段 48 號二樓。

3月9日　星期五

下午四時華岡興業基金會第一次會議，致辭「華岡之服務工作」。

舊欠兩學期超支鐘點費與一學期導師費開始發放，獎學金下星期一發放。

寫「華岡之服務工作」一文。

新聞學系自本學期起嚴格執行閱讀原文書刊，預定每學期至少兩本，並嚴格考試，不及格者重修學分。Media Message and Men Media。

馬樹禮介紹橫濱龐柱琛（黨部常委）夫人（婦女會長），可捐款。

香港華僑日報台灣辦事處主任梁蘊明來訪。

高渠送來中華民國第一屆電視廣告研討會計畫，四月十五至十七日。

蔡獻倫，印尼三寶壠工程所兼電池廠廠長。基隆路（一）155/10/24-1。

3月10日　星期六

張溯崇獲得國家博士學位。

李永剛為馬孝駿創辦華岡夏令音樂營事來談。

王友仁陪李安調（台糖協理，雲林北港）、王麗生（蔗農服務社總幹事，溫州）、吳人鑑（台糖公會關係，斗六）來談，為華貿豬肉出口日本事。

王大任在華僑研究所兼課，課後來談。

金忠烈回來讀博士學位。

閱學生活動中心各項報告。

學生活動中心組織系統表

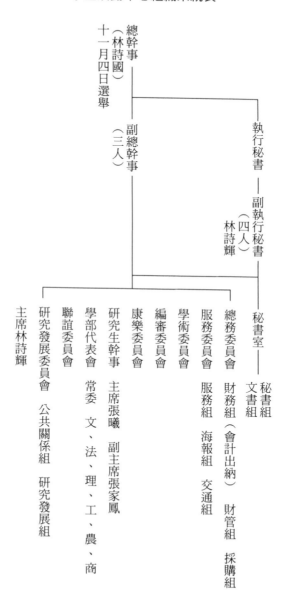

總幹事
（林詩國）
十一月四日選舉

執行秘書 — 副執行秘書（四人）林詩輝

副總幹事（三人）

秘書室 — 秘書組　文書組

總務委員會　財務組（會計出納）　財管組　採購組

服務委員會　服務組　海報組　交通組

學術委員會

編審委員會

康樂委員會

研究生幹事　主席張曦　副主席張家鳳

學部代表會　常委　文、法、理、工、農、商

聯誼委員會

研究發展委員會　公共關係組　研究發展組

主席林詩輝

在北區大專院校中體制組織最完善。

今年活動中心改制，也正是起步之開始。

良好的會計制度，可以避免浪費，杜絕舞弊。

欲求華岡聲譽日隆，必得表現團隊精神。

　　十二月七日邀請日本關西學生合氣道友好訪問團來校表演。

　　十二月十六日舉行全校越野賽跑，七百餘人參加。

　　社團績效展。

　　優良學生社團選拔辦法。

　　宿舍意見調查表，優先原理。

3月11日　星期日

　　針灸研究所理事會，當場籌集基金三十五萬元。常務理事凌嶺光、陳榮宗。

　　大學字典第三次會議，余提出八點意見。

　　周金聲贈中國經濟史綱。

　　美國音樂家畢鑑（Laurence Picken）寄來著作數種。

　　復陶太庚書（檀香山）。

　　廖大林來函，獲德州大學博士候選人，現任博士Research Associate。

　　蔡淑昭贈台灣地區家政推廣與社區發展相輔性之研究。

3月12日　星期一

　　基督學社創校十周年慶祝晚會（大禮堂）。

柯綉珠介紹本校護理講師孫若萱來見。

王之珍寄來拉丁美洲解放者 Simon Bolivar 傳二冊。

曉雲法師介紹夏威夷大學歷史研究所達安伯（研究禪師行藏）及本校哲研所李英德。

毛振翔自澳洲回，介紹巴黎中國天主教神父鹿懷主（山西潞城人）。

3 月 13 日　星期二

下午四時鹿懷主神父來見。

復馬孝駿信，請其提前于六月一日來校。

思維術出版。

自由出版社蕭天石（郵箱 865）贈船山全書一部。

3 月 14 日　星期三

周宏濤夫人開弔，調閱其女周開元（俄亥俄大學）自傳。

常會蔣彥士部長部告教育設施，余曾發言。

桂昌世偕觀三同學魏淇明（稱謝冠生為三姑丈）報告創業情形。

偕鄭嘉武、謝孝耀、譚向光勘定大興、大榮兩館位址，並視察藝術館。

周應龍寄來近著二冊。

3 月 15 日　星期四

張益弘來訪，談編纂三民主義百科全書事。

山室三良抵台，晚間宴敍，蔣慰堂、宋越倫作陪。

六十一學年度第二學期出版部刊登收入共為
2,236,764 元。

觀光系三年級學生施源卿來談。

博士班學生因在中央大學專任講師，勒令休學。

美籍留學生柯爾鞏（Tommy L. Ketron）偕其妻周
才萱來見。

蔣慰堂贈送老子騎牛圖與宋代針灸圖。

台灣銀行經濟研究室贈送經濟學名著翻譯叢書五冊。

3月16日　星期五

下午四時出版會議，余提十大工作計劃。

晨在中國飯店會見吳坤淦夫婦，為學習針灸事，三
星期已畢，攜來張大千先生為本校所畫荷花。

梁玲宜談設西班牙文學系事。

復蕭滋博士信，為華岡交響樂團改進事。

十一時約見體育系比賽優勝學生。

黃淑賢女士（Susan L. Huang）來函，願在本校教
英文。

清州女子師範大學校長康基用寄來未來學研究數種
（忠清北道）。

3月17日　星期六

林崇墉捐款三十萬元，為立崇墉文庫（華學文庫）。

侯中一持張肇元介紹信，欲在華岡求職。

俞叔平來訪，談招屋對外貿易事。

侯暢、張炳南來訪，為新知叢書「地方自治」事。

復蔡培火書，贊成其閩南語注音符號之提倡。

盧毓恒來訪，本校夜間部社工系畢業，現任警察廣播電台新聞課長。

吳相湘來訪，談其與教育部及市銀行先後衝突事。

中華教育協會開會選舉林本為會長，程俞筱鈞演講。常委田培林、宗亮東、孫亢曾、孫邦正、葉霞翟、楊亮工【楊亮功】。

我愛華岡——華岡三年工作感懷

　　　　　　　　　　　　　　　　坤　62.6.21

我愛華岡；不只為它的環境優雅，不只為它的建築精美，我愛它的：氣勢磅礴，精神宏偉。（註一）

我愛華岡；不只為它的系科眾多，不只為它的學制完備，我愛它的：經緯分明，脈絡一貫。（註二）

我愛華岡；不只為它的圖書充實，不只為它的設備齊全，我愛它的：抱負遠大，為國育才。（註三）

我愛華岡；不只為它的師資優良，不只為它的學風諄樸，我更愛創辦人的：寧靜澹泊，平實平凡。（註四）

註一：華岡海拔四六〇公尺，遠眺太平洋，俯瞰淡水河，台北盆地，盡收眼底，有「登泰山而小天下」之磅礴氣勢，雄偉壯觀。平時，經常有和煦之陽光，景物宜人；偶而，亦有勁疾之風雨，聲震瓦宇。置身其間，確能磨礪志節，發人深省，為一進德修業之絕好處所。

註二：華岡各所系科教育內容，以三民主義教育宗旨為其經，以德智體美群五育為其緯，相輔相

　　　　成，構成一幅完整的救國教育藍圖，是為本院
　　　　教育之特點，亦為國內外其他大專院校之所無
　　　　與比擬者。

註三：本院不僅以「承中原之道統，接革命之心傳」
　　　　為其教育理想，並以復興我中華文化為己任。
　　　　國內外私人興學，有此崇高偉大之抱負者，實
　　　　所僅見。十年來，默默耕耘，為國育才，畢業
　　　　學生中，已獲國家博士者八人，並於五十九年
　　　　連獲：高考、公費留學考及外交人員特考等榜
　　　　首，成效斐然，令人鼓舞。

註四：創辦人張其昀博士，寧靜澹泊，平易近人，平
　　　　時，粗衣淡食，自事儉約，窮畢生之精力，盡
　　　　瘁於教育；以「質樸堅毅」之精神，創建本校，
　　　　篳路藍縷，慘澹經營，使華岡從昔日荒煙蔓草
　　　　的山頭，成為今日廣廈宏開的學府，此非有高
　　　　度之：識力、定力、魄力、毅力不為功。因此，
　　　　四方仰慕，交相贊崇，此殆為本院創建與發展
　　　　之精神潛力乎！

3月18日　星期日

　　德州大學教授 Melvin L. Greenhut 抵台。

　　十一時越南教育訪問團來校參觀，教育部長吳克省
夫婦（二），三位大學校長（三）、隨員（二）、教育
部（二）。

　　下午三時四十分，韓國東國大學（佛教大學）校長
徐京保（鵬一）抵台。

蔣部長彥士陪越南教長參觀。

吳坤淦教授參加中午餐敘。

教育部同人四百餘人（連眷屬）參觀本校演放美哉中華電影，余致辭後有娛樂節目。中午在大恩館便餐。

趙元任先生自加州大學寄來單行本多種，復函道謝。

3 月 19 日　星期一

韓國漢醫師會代表團（慶曆大學【慶熙大學】醫學系醫師李鍾馨、大韓漢醫師協會會長韓堯頊），由張正懋陪同來訪，午餐招待。

複印周邦道著劉伯明先生傳略。

新聞系翻譯工具書 Research and Reporting Writing（前已翻印 Media），與參考書 Reference Books，可列入研究文庫。

王生年來函，謝集吳字為題「中國青年服務社」標幟（中山北路一段 46 號）。

聘馬起華為三民主義百科全書總編纂。

晚六時在修史堂請華岡銀行同人晚餐，柯綉珠等九人。

化學系陶業組同學黃修志提議建陶瓷廠。

3 月 20 日　星期二

美國 Fessor 教授來訪（未果）。

實習銀行於今晚六時半假中央大飯店請客。

寫珍貴的十年與華林園計畫稿。

韓國徐京保校長來訪。

木下彪先生返校，偕王友仁往訪于其寓所。

王爾元先生在日本得碩士學位。

日本華商總會監事馮汝城碩士來聊，擬聘為觀光研究所所長（東京都澀谷區神宮前五一十一一十三）。

3月21日　星期三

常會通過行政院預算案。

本校夜間部社工系畢業生張鏡明，日本近畿大學財政學碩士，以最高票當選為苗栗縣議員。今日來見，擬競選議長。

經濟學研究所送來「接受委託研究工作處理要點及重要研究專題目錄」。

本校農林問題研究社出版農民心聲第二期（本年元旦創刊）。

高渠來函，華視每周五有兒童文學研究節目，每次招待本校兒童福利組同學到場研習。又寄來中國廣告公司出版之「國華人」雜誌。

3月22日　星期四

十一時贈授韓國東國大學徐京保先生名譽哲士學位。

下午四時舉行導師會議，余主席，並致辭。

吳相湘來談與教育部交涉經過。

江樹生來函，為天理大學編纂閩南語辭典，多留兩年。復函允之。

司徒政來函，將寄舊金山華僑嚴泮欣先生生平圖片。

黃國華來函，推薦金山時報常委李松光先生為傑出

僑領。現任林肯大學校長，共和黨金山區負責人。

　　寄張貴永太太墓園有關圖片。

3 月 23 日　　星期五

　　王生善先生在華視有春回大地（國語彩色連續劇），中視有五段情（國語連續劇）。

　　函沈怡，請其自七月起擔任華岡教授兼實業計畫研究所所長。

　　請周邦道撰述「民國先進教育家」，列入新知叢書。

　　湯覺非來信，現任職省教育廳人事室主任。

　　張步仁自雅典來函，寄來「柏拉圖理想與周官」一書。

　　程維賢為中廣索贈參考書籍。

　　文華建議邀請立法委員泰國華僑張亦錚先生，黃魂中學創辦人。

　　丹麥華學家 Clarence Boy 寄來中國文化一冊，引及余著作五千年史。

3 月 24 日　　星期六

　　康基用校長訪台，其女康仁淑隨行。

　　慶祝美術節。

　　歐茵西與其夫韋光正均在奧國獲博士學位，願來校服務。復函歡迎。

　　王宜聲介紹其戚宋建成任事。27，溧陽，師大社教，本校史研，淡江助教三年，成大圖書館編目組主

任，台南家專講師。

周中勛先生來函，詳細解釋其任事情形，約其面談。

林崇墉先生捐款肆拾萬元為建校基金，又伍萬元為獎學金。

大專院校在本校舉行土風舞比賽，輔仁第一，本校未參加。

3月25日　星期日

五時談興業公司業務。

丘正歐偕其妻自巴黎返校，聘其為東西文化交流中心主任。

洪順隆來訪，暑期可得東京大學博士候選人資格。

殷卓倫介紹洛杉磯僑領黃耀文先生。羅省中華會館副主席，上海國貨公司總經理。

郭勇報告戲劇系國劇組事。

陳祚龍自巴黎寄來「簡記敦煌古鈔方志」，囑在華學月報刊載。

田長模寄來「管理學中學與術」（謝力中介紹）。

蔡讚雄來訪，此次未獲基隆市長提名，勸慰之。

3月26日　星期一

中視公司請韓國漢陽大學金連俊校長、李海南教務長晚餐。

下午四時財務會談。

周中勛來談，解釋藝術館工程事。

劉治祥送來美國海外供應公司申請書。

吳靜來函，允就針灸研究所名譽所長職務。

韓文組第三屆畢業生翁家鑾來見（欲攻讀韓國博士學位），韓國留學生薛敏基同來。

何靜安偕其女畫家劉河北女士來見。

3 月 27 日　星期二

上午九時半大興、大榮二館開工典禮。

十一時授予清州女子師範大學校長康基用（雲湖學園）名譽哲士學位，蔣慰堂致辭。

龔弘來訪，聘為專任教授兼大眾傳播研究所所長，藝術館董事長。總經理預定為郭長揚。

俞筱鈞女士來談本校心理衛生測驗事宜。

穆安子來函，除前已介紹柯美玲女士（Morleen Kassel）來校教英文外，又介紹賴路德女士（Ruth Lakner）來校半工半讀。

丑輝瑛女士來函，辭華岡交響樂團團長之職。

紐約皇后學院（Queens College, Flushing）教授 S 氏（Prof. B. S. Solomon）介紹學生二人（Mr. Elliot Sperling、Miss Susan Wang）來校半工半讀。

3 月 28 日　星期三

下午四時舉行教務會議，余講題為「力爭上游與時偕進」，並有提案。五時半續開研究所會議。

上午常會，余主席。谷正綱報告西歐之行，李國鼎報告中東之行。

洛杉磯僑領黃耀文來談，並晤見關世傑，商海洋事

業合作事。

殷卓倫陪同美僑黃耀文來見，請關世傑先生與談中美貿易事。

新亞書院哲學系王煜博士寄來莊子論文稿「天鈞」。

亞太區域文化與社會中心寄來 1977 年年報一冊。

紐約中國新聞局出版「美國研究中國問題」通訊第一期（六十二年二月）。

3月29日　星期四

質：樂觀積極

樸：謙虛誠實

堅：刻苦耐勞

毅：建設創造

青年節，「青年與國運」一文在中央日報發表。

朱慶堂來訪，談國際貸款與中國銀行擔保事。

新聞學系新聞學會成立會，余致辭，題為「以業會友」。

碧園農場業務會談，並商談華林公園建設事宜。

吳相湘來函，詳述在農復會晤見蔣部長經過及晤談情形。

革命文獻第六十輯載有李絜非著浙江大學西遷紀實。

虞希之，美國海外供應公司東南亞地區總代表，業務：專供工業貸款與現金貸款。中山北路二段 96 巷 26 之 2，電話 513936，信箱北市 1719。

烏克蘭樞機主教參觀博物館後來訪。

3 月 30 日　星期五

草成李美月女士「希羅多德波希戰史研究」序。

陳之邁大使介紹邱擎天神父之「荀子神略考」
【荀子傳略考】，擬登華岡學報（在教廷所辦羅馬
伯鐸書院修讀博士學位）。

李美月（輔大史研所）以其論文「希羅多德」見
寄，函約晤談。

英人畢鑑（Lawrence Picken）博士寄來之著作
多種。

上午十時碧園農牧公司舉行會議，到園藝、畜牧、
森林、植物、海洋各系主任。

聘蔡讚雄為觀光事業部董事長，桂昌世為總經理。

聘王以誠為碧園副場長（藝研所），月薪 3,500，
馮銓亨為華林農藝技師，月薪 300。

魏德邁將軍贈送梁敬錞史迪威在中國英文本。

王大任贈送聯友輯粹初集。

3 月 31 日　星期六

喬副院長由德抵比。

許鴻源贈「台灣地區出產中藥藥材圖鑑」、「台灣
地區中藥研究文獻摘要」。

青年節大會，本校優秀青年王文良（印三）、馮定
國（國貿四）、林詩國（政四）。

甘偉松贈藥用植物學一冊（國立中國醫學研究所）。

張亦錚先生來訪，陪其參觀，留晚餐。擬就商成立
泰國研究所事，文華同來。僑選立法委員，泰京素羅翁

路（Surawongse）187，林森北路 119 巷 71 號富時大廈 208 房。

　　吳士選自美來函，推薦其子百益在紐約市立大學皇后學院學生二人來談（Elliot Sperling 與 Susan Huang）。

　　穆安子（五十九年法系）介紹賴路德小姐（Ruth Lakner，哥倫比亞大學文學碩士）來校。

4月1日　星期日

新加坡大學東方學系主任饒宗頤在歷史學會演講，談武則天的宗教信仰。

中午歡迎山室三良返日，陪客蔣復聰【蔣復璁】、木下彪、張立齋、顧華等。

下午四時視察台灣銀行紫明溪上土地，地價每坪二百元，擬建紫明新村。

何宜武就任國民大會黨部書記長（延平南路八十一號）。

聘沈怡先生為華岡教授，譚光豫專送聘書。

為岷市楊虛白詩存署簽。妻許綠汀（中華總商會中文秘書四十年）。

何瑞藤贈道德教育之心理與方法一書（救國團）。

聘波里地（Dr. Edward Polidi）、包克多（Robert Proctor）為音樂系教授。

4月2日　星期一

美籍學生柯爾羣（Tom Ketron, Wyoming）在美新處林肯中心舉行畫展。妻周才萱。

十一時頒贈韓國漢陽大學校長金連俊（Lyun Joon Kim）名譽哲士學位。大韓日報董事長。午宴許宇成，贈哲士（東北亞問題研究所長）。

四時財務會報，討論五月份支付事宜。

愛蘭娜自烏拉圭來函，云受外交部託，在拉丁美國七國舉行演講及畫展。

高準來函，為其祖父遺墨舉行小型書展。復函

允之。

蔣慰堂函薦夏煥新來此兼課，教社會服務。

李鳴先生贈「論語研究」一書。住南港。

4月3日　星期二

喬副院長離比赴巴黎。

岡野正道介紹日高一輝（Kakuteru Hitaka）參觀孝道堂，陪同者為莊田（字禮耕，士林區中正路七二三）。孝道山本佛殿管長，全日本佛教會常務理事，神奈川縣日華親善協會顧問，哲學博士。

李安來訪，談三民主義印行。林瑞翰著「中國通史」對岳武穆記載大錯。

孟昭彝陪德國地質學家來訪，將勘測橫貫公路地質構造。

衛挺生來函，推薦其新著鄒衍子新考一書，並謝贈名譽哲士學位。

木下彪來函，薦趙琪璠為日文組專任講師（六十三歲，蒙古卓索圖盟，蒙藏委員會科長）。

高準寄來「高平子先生逝世卅三周年紀念號」。

4月4日　星期三

下午五時針灸研究所理事會成立大會，聘台大醫院麻醉科主任林溟鯤為名譽理事長。

政三同學孫偉仁代表本校參加青年節演講比賽第一名（三月廿八日）。

體育系洪、王二生赴雅典受訓，補助八萬元。

常會，沈劍虹大使報告中美外交，俞國華報告最近金融措施。

本校教授羅漁贈送西洋中古文化史（夏慶春介紹）。

美術系講師寄來「赴歐畫展報告書」。北投文化二路六號。

名古屋大學藤井隆來訪，贈禮物一件。中京大學商學部教授經濟學博士沈晚燮來訪。

富豪企業公司董事長黃鈞（和鈞）、宜功工程公司總經理鄭希傑來訪。

4 月 5 日　星期四

農曆癸丑三月初三，民族掃墓節。晉永和九年（癸丑）蘭亭修禊二十七周甲 1,620。詩學研究所成立五周年。

梁敬錞自美寄贈開羅會議新刊本。

方進和自高雄來訪。

夜間部登山隊集合于顯光堂，余勗勉之。

文化印刷廠廠長胡世霖辭職，交石文濟先生處理。

觀光學系講師擬觀光學系教學計劃。王銘勛可聘為系主任。

吳相湘來函，囑補助赴美旅費。

4 月 6 日　星期五

請黃民德醫師針灸。

下午五時評議會，接開財務會報。

十一時召集各社團主持人談話。

中午宴請自新加坡來饒宗頤教授，錢穆夫婦作陪。

張興唐來函，提及紐約宗才法師貸款事。

謝綏請赴美考察美國企業公共關係，為期兩月。

文龍（中和）自美來函，談及為尼克森總統助選成功，現在一飛機公司任職財務計劃。

高雙英女士來函，囑推薦于聖若望大學。

陳建中寄來最新日本政壇重要人物誌。

4月7日　星期六

新世界雜誌社陳征遠約見（永和鎮安樂路永安市場大陳號）。

商務印書館出版人人文庫，已近千五百種。

林茂松現在東京大學東洋文化研究所佐伯有一教授之下任研究員，從事中國近代法制史之研究。

美術學系出版第三期系刊。

朱慶堂推薦商學系助教張子平為講師。

法國攝影記者贈送彩色畫報（伊朗星馬專號）。郭榮趙介紹。

本校西洋劍隊贏得大專團體總冠軍。

4月8日　星期日

呂佛庭來訪，擬以兩年時間繪黃河萬里圖。

楊家駱陪李美月來訪，伊父因車禍逝世。

為曾迺碩改定華岡書城簡介。

郭勇來函，國內戲劇學校保送十名事，教育部已核准再進行。國劇組本年度批准四十至五十名額。

丘正歐報告與倫敦國際軍事戰略學院會員夏多福教授（Prof. Werner Scharnorff）經過（奧國沙士堡市 Salzburg, Austria）。

4 月 9 日　星期一

上午招待沈怡、孫黔、張靜愚等，並陪同參觀。聘沈怡為實業計劃工學門主任，並兼學術院德國研究所。

葉志鵬、郭鳳西自比來函，報告喬副院長行蹤。

陳繼旺報告為美國商業銀行台北銀行襄理蕭繼川（William Shaw）談話經過。館前路 43，311511-6。

新知識雜誌發行人陳征遠（合肥）來訪。

台北市銀行士林分行經理范廷松來見，林子勛、張枝榮二位陪見。士林區中正路 266 號，881444。

何金鑄報告夜間部儲蓄情形，195 萬（學生 106、教職員 66、校友 23）。籌組華夏百友會。

梅李今英女士來函，云已收到「中國文化綜合研究」一書。

4 月 10 日　星期二

傷風感冒延醫服藥。

訂立增系增所程序。

陳繼煌與美國銀行接洽結果良好，予以嘉勉。

約見政三孫偉仁同學，其父孫杰中廣花蓮台台長。

王藍陪檀香山畫家夫婦來見，夏大美術系教授許漢超，精絹印作品。

張貴永夫人來函，提及致遠兄墓園事。

函陳在勳，請其于八月半以前到校。

宋越倫在史學研究所講辭，分析日本民族性為一有歷史性之災苦。

4 月 11 日　星期三

感冒經校醫診治後狀癒。

駐韓國羅大使來函，推薦孫元一將軍為名譽哲士。亞盟韓國總會理事長。

吳三英女士（夜間部中文系助教）陪柯梅女士來訪，擬紫明花園計畫書予之。

擬標準華岡餐，交大恩餐廳桂昌世同學。

國大蔣慰祖先生介紹呂靜嬌女士（廈門人，師大音樂系），囑其來校。吳女士住麗水街 33/32/ 西 2 號，夫林明德，著小學考文字類拾補。

醫師徐庭珍，廣東梅縣，榮民醫院內科，本校兼任，為余看病。

與虞希之先生訂約，建築學生宿舍，值三千萬元。

寄劉光藜女士中國藝術史參考書目。

4 月 12 日至 13 日　星期四至五

【無記載】

4 月 14 日　星期六

起草回教文化與中東研究一文。

復黃國華信，聘梁大鵬為華岡教授兼美國研究所所長。

五時回教文化研究所開會。

十一時小組會談，通過貸款建築三千人宿舍案。

吳相湘寄其中美關係論文。

丁迪寄來大學文庫國父思想研究。

趙文聲來函，允就家政系主任職務。

韓國清州女子師範大學校長康基用來函道謝。

華林五聖公園　四大特色

一、五大宗教所共建的精神堡壘

二、中國文藝復興成績的總表現

三、約而精的世界各國博覽會

四、東方狄斯耐樂園的新創造

　　（一）適于戶外活動之植物園

　　（二）代表進出貿易之商品展覽

　　（三）現代性食衣住行育樂六大需要之示範

經費五千萬元。

三大機構全體動員，密切配合，共同努力。

預定六十三年元旦或陰曆元旦落成。

佳興亭六十坪。

茶廳 50、廚房 10。

4月15日　星期日

第一屆電視廣告研討會在華榕園舉行。

台南市市長張麗堂、正心實業公司（服裝）陳松雄由譚光豫陪同來見。民族西路 175，525037、582673。

莫斯科華語廣播（四月九日）載有「北京如何偽造

歷史」一文，黃少谷轉來。

胡蘭成寄來「大自然的法則與漢文明」一文，載華學月刊。胡兄與得諾貝爾獎金之物理學家湯川秀樹及數學家岡澤二先生討論自然學，更從東方之儒釋道思想為本，對自然法則有進一步之說明。

黃生茂雲恃才任性，哲學系課程未卒業。善駢文，士林福林路 254-2。

歐豪年教授將赴日舉行畫展，作畫介紹于天理大學。

4 月 16 日　星期一

陳先智君來訪，本校日文二屆，日本東京教育大學大學院文學研究所，日本文學專攻碩士，本年三月畢業，論文題目夏目漱石研究。

大陸問題研究所得教育部核准。

下午四時財務會報，商討下學年財務節流與開源方法。

戈福江見訪，促其從速開闢畜牧場。

陽明山管理長金仲原偕科長二人視察本校，請准許新建築即行動工。

救國團總團部海外組組長徐抗宗來函，稱夏威夷大學選派學生來華進修，學生三十餘，華語、中國歷史、文化，代辦伙食、教室、宿舍，派員照料。

4 月 17 日　星期二

香港華僑日報梁蘊明先生請寫字，寫質樸堅毅四字。

台灣省教育廳人事室主任湯覺非君（本校同學）

來訪。

鄧良士君來訪，談基層組織事。

下午五時集合文藝組全體同學在國父思想教室談話，略述余之文藝組之教育理想。

三軍大學政治研究所鹿寶瑋（本校夜間部同學）希望在大陸研究所任研究委員。

戴貝先生（Douglas Darley，澳洲紐修威州議員，曾獲哲士學位）寄來演詞單行本。

龍寶騏介紹巴黎大學研究所高級研究生 C 君（Yves Chevrier），天才學生，哈佛近代史研究所研究員。又巴黎大學中文系女生 F 君（Vitali Françoise）。

4 月 18 日　星期三

九時常會，徐晴嵐報告大陸近況。

方廷杰來訪，商談華榮美術工業公司事宜。

王洪鈞攜來音樂系教授之資料，馬孝駿託帶者。

蕭院長定七月初旬返德，九月回校。

顧翊群惠贈中西社會經濟論衡一書。

黃茂雲來訪，哲學系畢業生，與姚琮、李洛九友善，鼓勵許文淵考取政大。

蕭院長伉儷七月間返德度銀婚，九月返國。

陳欽銘針灸研究所籌設方案可用。

4 月 19 日　星期四

上午九時建二習作展覽，大義館 301 教室。

下午四時授予韓國金烱旭【金炯旭】名譽哲士榮

衛。韓國情報部長。夏季屏、周中奉同來。

為家庭系兒童福利組撰「兒童文學習作」序。

植物系教授柳榾（台灣省林業試驗所技正）來訪。

林桂圃介紹臨濟寺旻福法師（唐書新，T 389029）來訪，為其佛教人名傳事，太空洞不合用。

金炯旭贈「共產主義的活動與實際」一書。

胡家健介紹李智福（中央玻璃纖維公司）來見。仁愛路四段 25，鴻霖大廈三樓 B，724215-7。

4 月 20 日　星期五

華岡國樂社在實踐堂演出，專修科與社團合作表演良好。

十一時與一部分社團代表談話，生氣蓬勃，令人欣慰，尤以羅浮童子軍為傑出。

四時出版會談，提六月間在中央日報刊登彩色廣告事。

韓國金聲均寄來照片。

博物館展開染色展，包括蠟染、綁染等，為本校特有之課程。

體育系校友張甫嘉來訪，印尼之行回來，將有美國之行。

十二時招待琉球仲泊良夫，葉煥文同來（東方企業公司，豐原鎮中正路三十九號）。琉球寶案已出版。

4 月 21 日　星期六

重光營造廠廖遇和談建築事，大興、大榮決定各加

三層。

　　致函潘重規，請其擔任國文研究所所長。

　　函董彥平，為康國棟著「中華全國民情風習」一書題字。

　　東南亞扶輪社會員二百餘人參觀華岡，欣賞國樂與舞蹈。

　　詹純鑑陪賴惟澤來見。基隆國際商會會長，八達倉儲通運公司董事長。擬加入碧園農場，聘為經理。

　　簡明勇贈「杜甫七律研究與箋註」（師大）。

　　方進和來函，介紹卓播英來見。政二屆，師大研究所，現任省立師院課務組長。

4月22日　星期日

　　曉雲法師約請早膳，同席梁寒操、陳雄飛、程兆熊與弘一法師弟子黃寄慈居士。

　　弔李潮年之喪。

　　梁嘉彬寄來隋書流求國傳逐句考證。

　　韓國學生權重遠欲自台大轉學本校。漢城中央大學史學碩士。

　　韓國學生張公子偕其母來訪，即將返韓。

4月23日　星期一

　　下午財務會報，提華林植物園草案。

　　鹿寶瑋（夜，行管，三軍教官）願投考大陸問題研究所。

　　韓國崔德新先生介紹曹淮煥君入學。

陳光甫先生資助吳相湘赴美旅費台幣七萬元。

羅漁贈書西洋中古文化史，約其再談一次。

張益弘贈書哲學易通——中西哲學綜論。

陳霆銳贈浩然堂集。

4月24日　星期二

中午請典禮奏樂同學十一人便餐。

龔弘寄來現身藝術一文，交創新發表。

4月25日　星期三

對文藝組之期望講辭發表。

常會，通過縣市議會議長人選。桃園縣議長簡欣哲，56，農，大溪，曾任省議員。副鍾維炫，52，工，宏基營造廠，營造會理事長。

戴伸甫來訪，即為鍾君事。

祖炳民來訪，以午宴款待之。

陳裕清先生介紹馬思聰先生來任教，即日發出聘函。

沈秉鑠，澤豐化工棉製廠，湧長紡織公司董事長。八德路（三）106號，土城、中壢二廠。

張導雄代機械系主任。

4月26日　星期四

陳立夫來函推薦蔡茂松為韓文組教授，實際已經聘請。

王大任來函，提改進思想教學意見。

函馬孝駿，允添聘新教授二人及包氏的未婚妻。

吳承硯來訪，告知孫多慈女士病況。

宋越倫來談日本研究所發展計畫及張岳軍先生心情。

4 月 27 日　星期五

中央研究院院士柏實義、馮元楨、易家訓、沈申甫（中大航空系廿九級，康奈爾大學）。

今日上午社團體育成果表演。

鄭嘉武陪同視察藝術館工程，並分配用途。

十一時約見第一批研究生二年級畢業班，三民、中文、地學三系。

育英會錄用助教李淑貞女士。22，大足（川），哲，父空軍，台南市。

王爾元回國，獲大阪近畿大學碩士。

姜超嶽來函，問沙漠南遷說，復之。

浦薛鳳先生贈戰時論評集。

4 月 28 日　星期六

李永新夫人開弔，晤劉康克等。

胡軌公子來訪，擬考本校工學研究所（宋時選內弟）。

宋達陪紡織公司主持人商談建教合作事宜。

夜間部學生代表四人來訪，其中台灣糖業公司副主任祕書周之強其女露華曾以第一名考取台大外文系。

夜校法律系第一屆畢業同學蘇順國、蔡宏光擬回校升研究所（現在永達工業專科學校）。

楊啟棟贈送職業教育與經濟發展一書。

4月29日　星期日

起草中國文化學院簡介。

沙學浚贈地理學論文集。

李道顯送來杜甫詩史研究及提要，指導林尹、王靜芝。

訪張維翰先生于其寓，並欲推薦于慶熙大學為名譽博士。

張興唐推薦周世光為民華所理事。

中文學會會刊出版，總幹事柯淑齡。

胡品清復信，願寫華岡詠，為華岡交響樂團作曲。

賴雪慕來訪，其夫王鶴松曾在經濟學系教課，現在菲律賓中國文化學院教書，建議結為姊妹學校。

4月30日　星期一

第一屆華岡園藝展。

撰中國民族組曲集序，就曾迺碩原稿潤色之。

台糖總經理郁英彪親戚李子瑜夫人為予繡像，作書謝之。

寄蔣彥士先生華岡現況簡介。

衛聚賢來信，復之。

香港陳本（幹卿）寄來尚書文法研究。廣東增城人，詩學研究所。

李九瑞贈先秦十子思想概述一書。

函復侯健，請其來華岡講學。

5 月 1 日　星期二

王友仁在雲林縣北港縣結婚（武競時，英三）。

基督教研究所今晚八時在大禮堂舉行慈善音樂演唱會。

林熊祥先生開弔。

中國文化綜合研究重版。

菲律賓基督教書院丁星院長推薦羅黎晞博士（Dr. Roxy Lefforge）為名譽哲士，予以同意。戰前曾任福州華南女子學院教育系主任兼教授。

曾任本校生活管理組主任吳醒民君畢業師大地理系（夜間部），請求在本校服務。

歐豪年、江樹生來函，均報告歐氏在日舉行畫展情形。

宋希尚寄來「圍爐夜話」小冊子。

5 月 2 日　星期三

「加州聯合學院」係由加洲華僑聯合協會董事會主持，開設事業訓練研究班，院長視察來台。

常會，賴名湯報告訪問南美巴西三國經過。

視察園藝系畢業生所辦之園藝展（林務局大禮堂），成績極好。

召見美術系擅長蠟染之諸同學。

何舉帆之公子和明君得早稻田大學碩士。

陳漢光之喪，函慰其妻賴垂女士。

余蓀庭來函，擬約吳乾樑來台投資。

5月3日　星期四

上午十時華林社區開會，十二午聚餐討論，余建議五聖公園案。

華岡美展，三至六日省立博物館。

針灸研究所理事會在光華針灸醫院召開（開封街）。

下午四時研究生談話（工、農、家研所），余講鄭成功之力行精神。

張國典來函，請其為華林社區副總經理。

陳杰（菲島蘇活）寄來鱗爪集一書，予為題字。

丘正歐贈我世界文化史七大本，又百科全書文庫五二冊。*Histoire Générale des Civilizations*【*Civilisations*】（Maurice Crouzet 主編）：一、古代與希臘；二、羅馬；三、中世紀；四、十七世紀；五、十八世紀；六、十九世紀；七、現代（一九六七年出版）。

5月4日　星期五

下午七時袁守謙請客，溫州街十三號。

詹純鑑推薦黃弼臣為園藝系主任，專任。

視察中山北路二段曼谷銀行右側聯合出版文書供應公司新址。

台北博物館視察本校畢業班美展，施翠峯先生作陪。

喬寶泰報告在美考察報告。

哲學系兼任教授胡鴻文來見，彼得美國弗羅里達基督教大學博士。

鄭焯嬋（Cho-chan Cheng）女士贈閱六大哲人道德論（*Six Great Teachers of Morality* by Lawrence Faucett, Tokyo,

1962）。孔、釋、耶、穆、摩西、蘇，一九六二年出
版，勵稼藏書（After Summer Session at Sophia Univ,
Tokyo, 1967），發行者篠崎書林，東京都千代田區神田
錦町 1-9-13。

5 月 5 日　星期六

十一時授予周大為榮譽哲士學位，魯蕩平、楊寶
琳、王洪鈞致辭。

韓學斌（Han Shyue-Bin，富資國際公司 Volks
International 中東區經理）、楊成訓來訪，談中東貿易
事。韓政大阿文組畢業，曾致黎、約等國進修。新生南
路（一）150/12 之 2，黎巴嫩貝魯特郵箱 8387，馬明
道介紹。

鄭貞銘函稱「密蘇里新聞學院」以其第一位交換
教授 Donald Romero 與第一位交換學生 David George
Polhemus 均定于今暑來校。

溥孝華與其妻姚兆明請聘為專任。又張立齋介紹其
親戚孟憲尹。

張純漚先生見訪，為推薦文學獎金與文學博士事。

張載宇夫人孔祥筠著陽明傳劇本，列入華岡文庫。

5 月 6 日　星期日

越南教育部長吳克省寄贈銀質紀念品。

楊朝輝來訪。化學工業，鋼鐵工業。

聘劉岱為史學研究所專任教授。

張枝榮欲投考博士班。

核定華成建設公司董監事名單，祕書許禮烘。

張興唐報告編纂南洋大鑑及華僑革命史情況。

安執戎在荷蘭有卓越之表現。

侯健來函，謂近著「白璧德與中國」一書，注重白氏在中國之影響與中國思想之比較。

5月7日　星期一

上午十一時美而廉餐廳舉行華岡藝展記者會。

道德重整中國青年合唱團七時半在大禮堂演出，誠實、仁愛、純潔、無私，四大標準。

四時財務會報，決定請陳繼旺先生赴香港一行。

越南教育部長送來銀質紀念盾。

馬孝駿來函，建議加聘立曲（Rich）教鋼琴，斯崔曼（Streetman）小姐教大提琴，為 Chambertin 三重奏的原班人馬。

古貝克教授告以美國西南部建立華學中心計劃（Dallas-Fort Worth Area）。

5月8日　星期二

韓國成均館大學校長朴東昂博士來訪（十一時半）。經濟學博士，大韓教育聯合會會長。

下午三時祝康彥來訪。

家政系實習家庭，華岡新村一號樓下實習住宅（下午三時）。家政組三年級。

喬寶泰自檀香山寄信，託錢思亮帶來，談夏大亞語系楊覺勇教授在華岡設立中國語文訓練研習會事。

華岡國劇社社長梁玉明贏得台視競賽冠軍。

羅漁擬「華林五聖殿天主教文物展覽」內容初稿。

田曼詩來函，謂西班牙有識之士擬為本校創一分校。

5月9日　星期三

起草華岡理想──八大目標。

九日至十六日，天主教文物及緞帶花展覽（王愈榮）。

常會，國防部馮啟聰與經合會張繼正報告。

司徒鉅勳出席菲律賓基督教年會，過台返美。

陽明山格致中學校長方紹孔來訪，擬將校舍買給華岡，可作單身教職員宿舍。

榮民總醫院復健醫學部心理社會職業復健技術員戴浙擬考大陸研究所。

哲學研究所碩士王靜厚（論文學庸體系研究）擬考博士班。

王冠青先生贈「國父思想」一書，五十五年初版，唐縱校訂。

5月10日　星期四

擬定本校醫學院籌備處重要原則。

美軍顧問團波特先生（P. W. Porter, Jr.，海軍組長 Captain, "F" Arew 210）表示願意由兼任改為專任教授。

行政院洪懋中來函，請注重國術教育。

鄭開道來見（中文碩士），擬考博士班，現任台北

市黨部專門委員，字彥明。

　　廣大書院教授吳啟明來見，未遇。

　　吳瀚濤夫人苑潤蘭偕其女吳芳來訪，為吳氏題「遼海瓌寶」四字。

　　林茂松自日來函，東京大學東洋文化研究所。

　　南港李鳴寄來「陳紀」一冊，近在研究老子。

　　吳劍聲先生自加拿大來函，報告最近僑情。

5月11日　星期五

　　西德地質學家 Dr. Klaus Schmidt 頒授名譽哲士，蔣緯國、沈怡致辭。

　　興董會議各單位報告，邀雷法章參加。

　　請黃民德先生針灸。

　　與蔣一成先生商談合作事宜。

　　國科會張明哲來函，派自然組長林爾康代表觀禮。

　　蘇雪林贈「屈原與九歌」一冊。

　　華岡僑生聯誼會總幹事黃英邦推薦田子仁（註冊組）、沈醒園（祕書處）為僑生輔導主任。

5月12日　星期六

　　約旦大學校長演講，並午餐。

　　鄭貞銘來談與密蘇里大學交換教授。

　　楊錫福陪戴德華省議員，欲投考本校研究部。

　　約見德文系助教黃小鶯（福州長汀）。

　　鄭貞銘惠示傳記文學第二十二卷第四期頁 69，于衡先生所述余在改造委員會服務情形。

函薛光前，索沈家楨博士圖片。

蔣一成，美商大洋石油探採公司執行副總裁，又緯經石油資源公司遠東區總經理。敦化南路三號，住宅雙城街 46 巷 3 號。

創校理想──八大目標
為「華岡年刊」第七期作

張其昀

（一）國際性

綜合東西文化，融會中外精華，博採世界各著名大學之優點，建設一所具有國際地位之學府。

（二）整體性

學術為一整體，心物一元，體用一貫，故當不偏于人文學科，亦不偏于科學技術，網羅眾家，囊括大典，致力於新文化的創造。

（三）文藝復興

古稱移風易俗，莫大于樂。今日之樂教，包含文學、美術、音樂、體育、戲劇、舞蹈、建築、印刷、園藝、大眾傳播、觀光事業等，上述各系科，本校最稱完備，期以文藝復興奠文化復興，以文化復興奠民族復興之宏基。

（四）學以致用

著眼此時此地國家社會之實際需要，如高山資源之利用，海洋資源之開發，均為當前急務。故對于地球科學（地理、地質、氣象、海洋四系與地學、海洋兩研究所）與若干應用科學（土地資源、勞工關係、國際貿

易、應用數學、企業管理、兒童福利等系，與實業計
劃、應用化學、大陸問題等研究所）多已設立新的系
所，在高等教育上勉效前驅。

（五）五育並重

本校提倡德、智、體、美、育五育並重之大學生
活，故建有博物館、圖書館、體育館（興建中）、藝術
館、群育館，以五大館與五育密切配合，實踐篤行。

（六）華學基地

華學乃中華學術之簡稱，旨在宏揚中國文化與三民
主義於世界。此事需要聯合世界上志同道合的有識之
士，攜手共進，因此創立了中華學術院。該院內設二十
個分科學術協會。現每一協會平均有會員七十人，水準
甚高，共計連繫中外學者一千四百餘人，俾與本院各系
所相輔相成，樹立華學研究之一重要基地。

（七）建教合作

本校以教學、研究、與服務三位一體為宗旨。教學
即中國文化學院，研究則以中華學術院輔助之，服務工
作以華岡興業基金會所創設之各企業機構為之，設有實
習農場、實習工廠、實習商行、實習林園、實習社區
等，展開建教合作，培養企業精神，以期創造財富，繁
榮華岡，鞏固校基。

（八）高深研究

本校研究所之設立，尚在大學部（含夜間部）前一
年。辦學宗旨，以研究部與大學部雙方並重。研究部之
制度，歷年迭有改進，依新的規定，研究生與大學生同
樣收費，但普遍給予獎學金，並須一律住校，不得兼職

兼課，以期集中心力，為學育才。現畢業之碩士，已逾八百人，（連本年度應屆畢業生在內）博士班已得國家博士學位者有八位，為國內大學前所未有。至于外國學生與海外僑生遠道來此，從事深造者，亦逐年增多。

中華通史六冊
一、時代　二、地域　三、人物　四、思想　五、文物
六、域外

Schmidt Gets Additional Degree　62.5.12

Dr. Klaus Schmidt, a noted German geologist, was conferred, yesterday with an honorary doctorate of philosophy by the China Academy.

Dr. Chang Chi-yun, President of the Academy, presented the award to the 46-year-old German Scholar at a brief ceremony.

More than 100 guests, including Gen. Wego Chiang, Dr. She Yi, Meng Chao-yi, Lin Chao-chi, Tsiang Yi-cheng, Chu Tsu-yu and Tsiang Fu-tsung, attended.

5 月 13 日　星期日

看戲劇系學生演出英雄叛國記（藝術館）。英雄李善操，母親王曉蓉，助教陳敬宗。

張麗繼組美容補習班，羅（四）108/8。

在中華開放醫院視俞叔平疾。

文化工作會蒐購各種有關中國大陸問題書刊，迻譯

輯印成冊，定名曰「當代問題」參考資料，作不定期出版，已出五冊。

侯健來函，謂畢業台大濫竽廿餘年，短期內又因論文、課務及硯田筆耕窮忙異常，義不能辭，兼職亦非所許。

王生善來函，告我戲劇系優秀學生令人興奮之消息。

吳劍聲夫人寄來 The I-Ching, the Unraveled Clock, Reconstruction of the Mathematical Science of Prehistoric China。

函曹文彥，勸其就華岡教授職。

5月14日　星期一

上午十時舞專二屆畢業生馬雷娜，旅美以編楊貴妃劇舞轟動全美，其夫亦曾設計前世界博覽會中國館。

四時財務會報，商六月份收支事宜。

十一時研究生談話，史學、哲學、德文。

總統府祕書周應龍來訪，今日在大禮堂演講。

中美文化電影協會會長，美國龍門電影公司董事長邵龍門來訪，譚南光同來。

送還鄭焯嬋教授 Six Great Teachers, Lawrence Faucett。孔、蘇、佛、耶、謨、摩西，1958，a source book of readings to promote spiritual unity，日本篠崎書林 Shinozaki Shorin。

5月15日　星期二

擬華學中心計畫與華學中心在美國計畫，並譯成英

文寄古貝克教授。

　　新知叢書第一本中國人出版。

　　婉謝考選部擔任特考委員之任命狀。

　　孫碧奇贈 *Recollection of a Floating Life* 一書。

　　復舊金山劉伯驥信，渠對最近華岡僑情變化痛切
言之。

　　復浦薛鳳信，謝其贈書。

　　致薛光前書，索有關沈家楨資料。

　　張炳楠贈台灣省文獻委員會圖書目錄增訂本。

5 月 16 日　星期三

　　常會，王唯農報告歐洲考察建議。

　　發聯合報信，敘述大忠館──藝術館建築經過。

　　鄺效坤來訪，談英文系主任更動事。

　　安密邇報告，本校學生（日間部）家長為醫師者共
計 152 名。

　　博士班投考學生二十八名，史學二人，有李美月。
碩士班共計 203 人，大陸所最多，96 人，工學組 46，
應用化學 44。

　　音三李水蓮（馬來西亞僑生）女聲獨唱第一名。

5 月 17 日　星期四

　　蔣一成偕其美籍友人夫婦來訪，並在僑賓堂午餐。

　　朱慶堂來訪，美國貸款事已有頭緒，使本校得奠定
基礎，邁往前進。

　　託何志浩周旋吉林路地產事。

~~謝冠生~~衛挺生來函，商其所著「徐福與日本」英文本出版事。

王大任接洽贈本校東亞日報縮小級 213 冊。

陳漢光夫人賴垂來函，為設漢光獎學金事。

周中勛辭職，改聘為體育館籌備處主任兼華岡體育事業公司總經理。

岡野正道夫婦致贈禮物，並購物還禮。

5月18日　星期五

十時半授予韓國鄭世雄名譽哲士。

歐豪年自日來函，詳述在日本舉行畫展情況。

陳之邁先生寄來邱擎天神甫荀子傳略考提要。

岡野貴美子寄來「佛說父母恩重經」，請佛教文化研究所譯出，列入新知叢書。

戴華女士已獲伊利諾州立大學碩士，願來本校任教，交詹先生辦理。

核准心理衛生輔導中心六十二年預算編列表，共一萬四千元，印刷費一萬元，活動費二千元，設備費二千元（另圖書費三千元）。

美國商業銀行台北分行襄理蕭繼川來訪。館前路43，311511-6。

5月19日　星期六

王友仁在紅寶石酒樓為新婚請客。

校董會推舉喬寶泰為院長，郭榮趙為副院長。

喬寶泰自歐美日韓考察回來。

譚光豫、鄭向恒在教育部受訓完畢，攜回教育法規選輯。

賴秀雄來訪，現在日本慶應大學深造。

王文柏願入博士班（南陽人），治元曲俚語。

補償燕京建築事務所孫傑森先生設計費十五萬元。

接見心理衛生輔導中心符湘霓女士。

5 月 20 日　星期日

林尹七男光曾與沈小慧女士結婚。

黃紹祖公祭。

周儀彭寄贈預算學一書（永和鎮永寧街 131 巷 4 號）。

接周叔蘋信，謂將刊出「花影重重」小說。

博物館新增緙絲。

黃社經來函，每周為舊金山少年中國晨報撰文一篇，寄來菊花一篇。

劉招寄贈「中國之科學與文明」漢譯本第二冊。中國之科學與文明編譯委員會，基隆路（三）245，編譯館，T 20620。

5 月 21 日　星期一

校務會談，討論收購格致中學房屋案。

高梓來訪，為林霖夫人陳兆秀報考中文研究所事，619 號。

王藍來訪，為美國美術系學生來華岡進修事。

王崇岳來函，捐助氣象書刊三百多冊（台大六小

時，地學所二小時）。

蔣一成姊淑珍接洽美僑投資企業公司事（敦化南三號）。

姚淇清來函，謂黃君白卜葬華岡，風範足以感人。

陳如一贈「總統歷年告全國青年書」（增訂四版）。

陳裕清先生來信，謂天文台報增加每月港幣五百元，連原有共為貳千元。

5月22日 星期二

女青年聯誼會主席鄭美華（家政兒童福利組）來見。

王則潞來函，擬月捐百分之五，此事煩擾不宜行。

陳如一來訪，講內功吐納法。

蔣一成擬成立中美文化技術服務基金會。

王則潞來函，主張由教師按月奉獻，婉辭之。

盧修一來訪，政研畢業，魯汶大學，巴黎大學研究，三重市人，在法工讀。

寄倫敦王家松華岡簡介。

新聞系畢業生于洪海（中廣）、高信江（時報副刊編輯）、洪安峯來訪。

5月23日 星期三

晚六至十時百友會開會，喬寶泰、賴秀雄、馬雷娜、張沁致辭。

華岡簡介在中央日報登出。

旅美畫家許漢超、黃玉蓮伉儷畫展在歷史博物館

揭幕。

袁慰堂聘為化工系主任。浙大，民卅一。謝力中同來。

丘正歐設操行獎學金三名，不願出名。

歐茵西自奧國來函，其夫于七月底返台，伊尚需多留時日。

顧一樵寄來美金支票 400 元，為「蕉舍詞曲五百首」印刷費。又寄來「蕉舍詩歌一千首」。謂以後寫作方向將有改變，或對于文藝可作深入研究。其親戚王典文先生，台北市臨沂街 63 巷 23 號。

5 月 24 日　星期四

下午七時女青年聯誼會送舊大會（大禮堂），余講華岡的女性。

邢福泉「佛教藝術思想探原」列入國會圖書館書目。

馬來西亞僑生李水蓮女士得僑生獨唱冠軍。

林詩輝當選活動中心新總幹事（43 票）。

華岡生活一書出版，馮福善編。

中華民國憲法中英文本出版（陳建中贈）。

梁丹丰自菲律賓講學返台，同行者高梣、藍梅筠。

曉雲法師偕程兆熊夫婦來訪。

下午三時黃君白治喪委員會在司法大廈舉行。

大專教務及訓導人員研討會二期學員來校參觀。

5月25日　星期五

華岡的女性。

閒話家常。

黃正銘行述。

十一時研究生談話（藝術、日英法文）。

（藝）高輝陽（~~雲林~~員林），公共關係室，27，本校英文系，莊、邢二位指導，米芾。

（英）李慶璇（陽穀），聯合出版中心，25，葉公超，Blake 之詩，靜宜，台中市三民路一段 503。

（英）尹玉蘭（勝縣），博物館展覽組。

香港周世聰寄贈書畫集（余蓀庭）。萬國藝術專科學校，香港九龍太子道 179。

寄倫敦劉光藜女士書，請其將芬資獎學金移存華岡銀行。

今日研究生考試。

博士班　　31
碩士班　　745
　　　　　776

5月26日　星期六

下午四時評議會，通過華學中心案。

戴伸甫推薦鄭伯順為物理系講師。福州市，26 歲，師大，中大地球物理研究所，民生東路 98 巷 11-3 號。

王啟槐自美來函，願來夜間部兼課。政七屆，兩年來中山講學金出國進修，加州。

安密邇報告夏威夷大學擬于本年暑假舉辦中國語文

訓練研究會（2 週），予安君全權辦理此事。

魏汝霖贈「武廟沿革變遷」一文，渠為軍事雜誌月撰歷代名將評傳一篇。

5 月 27 日　星期日

蔡屏藩先生（余紀忠之岳父）公祭。

盧品夫婦自日來訪，談製作日式醬菜事。

研究部舉行口試，大陸研究所 109 人，全體 776 人。

孔孟學會選余為常務監事。

張步仁來函報告其兄步真、步光（航空工程博士）在美協助喬寶泰情形。「柏拉圖理想國與周官」一文收到。短短四個月，已能應付現代希文讀說寫聽。

陳之邁來函，寄邱擎天神父荀子傳略考提要，自謂將撰北美之旅、日本之旅。

德文系教授辛達謨六月中旬將有慕尼黑之行。

5 月 28 日　星期一

森林系代主任董新堂來談。林務局簡任技正兼顧問室主任，中華林學會總幹事。杭州南路一段二號，仁愛路（二）31-1。

鄭曼青自美來函，告以在紐約時中學社講授中庸近況。

反共義士何文海來見，谷正綱介紹至本校教課。

世界回教聯盟會員二人由定學明、阿剌伯代辦與謝松濤陪同來見。

關世傑應邀赴美，為期二月。

四時財務會談，討論五、六兩月支付事宜。

朱慶堂清晨來見，美國貸款信件經余簽字。

5月29日　星期二

陶桂林、陳松光來見，陶囑為其新著「五權憲法」題字。

翟黑山來談應用音樂。

李安來見，談岳武穆被台大教授曲解事。

薛光前來函，推薦余靜芝女士為名譽哲士。

陳立夫先生囑為孔孟學會演講，婉謝。

八時音樂系在實踐堂舉行合唱與室內樂，成績優異。

四時財務會談，決定購買格致中學房屋。

十二時與本校一級主管十六人會餐，歷時三小時。

5月30日　星期三

常會，孫部長報告經濟近況。

田曼詩自歐洲舉行畫展回來。

黃延星夫婦偕日本食品商人來見。

學生代表四人來見：林詩輝，嘉義，政三，學生活動中心總幹事。郜瑩，文藝一，女青年會總幹事。鄭美華，兒三，女青年會前任副總幹事。魏偉琦，文藝一，女青年會文書幹事。

台大碩士李德安將赴檀香山讀博士學位（羅正敏同來）。

5 月 31 日　星期四

十時半越南西貢大學校長陳文進來訪。

八時實踐堂音樂系演出交響樂之夜，極精彩。

復陳祚龍書，通訊教授以後改為名譽職。

復鄭曼青書，自美寄來資料交美哉中華刊出。

韓建國大學教授李勳鍾返國，來辭行。

西洋劍社代表來見：詹美秀，女，彰化，舞專五，西洋劍大專賽，女鈍劍，團體冠軍，個人冠軍。杜茂溪，男，新竹，體三，西洋劍大專賽，男鈍劍，團體冠軍，男銳劍，團體殿軍。

藝專實驗影展已閉幕今頒獎

本報訊

國立藝專「第一屆實驗電影展」已圓滿閉幕，訂今（四）日頒獎，得獎之影片及拍攝者名單如下：

（1）最佳劇情片——「畫像」，洪理夫拍攝。

（2）最佳彩色紀錄片——「台灣風光片斷」，徐鑑泉拍攝。

（3）最佳黑白紀錄片——「苗栗行」，黃邦助與藍錕榮聯合拍攝。

（4）創意特別獎——「晚鐘」，蔡位風拍攝。

（5）技術特別獎——「火車上的故事」，張錦隆拍攝。

佳作選：

（1）「路不拾遺」，蔡國榮拍攝。

（2）「強中手」，蔡國榮拍攝。

（3）「藝專運動會」，梁海強拍攝。

（4）「新聞特寫」，簡鴻壽拍攝。

中國文化學院各研究所錄取名單公布
本報訊

　　私立中國文化學院六十二學年度招考博、碩士班研究生，昨天放榜，共錄取博士班研究生七名，碩士班研究一百零六名，備取三十名。

錄取正取新生名單如下：

博士班：

三民主義研究所：

朱秉義、陳蓉蓉、林裕祥、王文相

史學研究所：

陳重光、李美月

實業計劃研究所農學組：

陳宏時

碩士班：

三民主義研究所：

黎俊忠、陳世寬、蕭玉文、楊國華、戴麗華

實業計劃研究所工學組：

張添盛、姚仁祿、溫榮彬、陳錦賜、陸松榮、

伍宗文

農學組：

石文治、顏惠琛、蘇昕

哲學研究所：

謝鴻儀、鄭基良、莊政、梅汝椿、樊震、陳正堂、

梅錕生、劉玲惠

中國文學研究所：

楊侗、顏廷璽、吳美幸、楊美瑧

史學研究所：

黃之台、陳大明

地學研究所：

吳志榮、吳榮貴、陳熙揚、駱盈州、賴一桂

政治學研究所：

王玉種、顏杏真、李杭海、陳惠學、陳昭峯、

李淳一、鄭清泉

經濟研究所經濟組：

戚嘉林、冷新銘、袁金和、彭百顯、吳榮貴、

許應俊、何明乾

合作組：

陳旭播、于躍門、黃世長、陳夢伍

法律學研究所：

朱明康

藝術研究所：

何乾、楊式昭、胡可立、李武男、徐祖勳

家政研究所：

蕭麗娟、葉文敏、劉純瑜、林素一

日本研究所：

周超、劉英俊

西洋文學研究所英國文學組：

賀自強、李桂仙、王美媛、葉自結

法國文學組：

劉青雷

德國文學組：

吳慰民、沈張進、蘇明發

勞工研究所：

林大鈞、路心鏡

海洋研究所：

盧誌銘、陳信茂、田正平、陳渡江、周和平、

楊義勳、方克難、吳文正

應用化學研究所：

廖順揚、張梁興、林金茂、蕭舒華

民族與華僑研究所：

黎克難、王乃森、宋伯章、陳淑明、區偉基、

宋隆彬

大陸問題研究所：

唐文龍、楊開煌、文迪羣、宋昌世、謝鎮藩、

陳正邦、陳仕政、陳穗華、項玉泉、徐秀生、

鄭皆澤、張少文、羅魄、賴明仁、蔣企台

調整軍公教待遇的特色　六十二年五月卅日　中央日報
本報記者　陳德仁

　　縮短各類人員待遇的差距。待遇高的少調整一些，待遇低的作較多的調整。其調整的平均幅度，約達百分之二十。

　　六十三年度中央政府總預算案，昨日已由立法院院會通過，其中最受人注意的，是調整軍公教人員待遇的問題。總預算案共列三十億二千五百六十多萬元，作為調整待遇之用，調整幅度平均約達百分之二十。

　　政府有關機關為實際瞭解軍公教人員的生活，作為調整待遇的依據，在不久前，曾對中等軍公教人員的家庭，作了一次詳細的調查，發現其生活水準，遠落在社會上一般中等家庭之後，乃由人事行政局研擬軍公教人員待遇調整方案，作較大幅度的調整，以安定其生活。

　　公教人員的待遇包括三個項目：基本薪資、工作津貼、生活津貼。這次調整的有前兩個項目，最後一項生活津貼，如房屋津貼及眷屬津貼等，不予調整。

　　有關方面現在並在努力，通盤規劃軍公教人員薪俸制度的徹底改革，擬將現在待遇所包括的三個項目再予簡化，以建立單一俸給制。據悉：此項重大改革，預定六十三年度起五年內全部完成。

　　軍公教人員待遇調整方案，據透露是這樣的：部長每月可領八千八百元，較前增加一千六百元，次長每月可領六千三百六十二元，較前增加八百九十六元，九等科長每月增加八百八十五元，五等股長每月增加六百三十六元。（相當於助教資格）【張其昀於剪報上自記】

　　軍方待遇比照一般公務機關辦理，即上將比照部長，中將比照次長，營長比照九職等科長，連長比照五職等股長。

　　詳細計算情形如下：關於基本薪俸，部長的俸給為八百元，過去係乘以四點五倍，現在提高為乘以五點五倍。實施職位分類機關，其俸點折算俸額，一百四十點以下俸點，過去每點以六元五角計算，現在提高一元，改按每點七元五角計算。一百四十俸點至八百點俸點，每點按三元二角計算，較前每點增加六角。

　　調整後俸額最低者為一千零五十元，最高者為三千一百六十二元，每月較以前可增加一百四十元到五百三十元不等。

　　實施品位制的簡、荐、委及軍職的機關，比照分類職位人員調整。

　　關於工作津貼，據悉：實施職位分類機關不分主管非主管，均按職等訂定標準，每月從五百元到一千二百元。

　　這次調整軍公教人員待遇的另一特色為，縮短各類人員待遇的差距，待遇高的少調整一點，待遇低的多調整一點。因此據透露：

（1）司法人員、警察人員、稅務人員除調整基本薪俸一個項目外，其他項目不予調整。

（2）公營事業機構如臺電、臺肥等，其調整幅度以不超過一般公務機關相同等級調整後增加數的二分之一為原則。

　　軍中待遇的調整也有一個特色，即對中級幹部作較大幅度的調整。在過去，上尉、少校、中校的待遇，並不盡令人滿意，今後此等階級如不能晉級者，將加發年功俸。

本校六十二學年度一級主管名單

一、院長　　　　　　　喬寶泰

二、副院長　　　　　　郭榮趙

三、研究部主任　　　　馬起華

四、城區部主任　　　　潘維和

五、教務處主任　　　　　　　譚光豫

六、訓導處主任　　　　　　　王吉林

七、總務處主任　　　　　　　鄭嘉武

八、秘書處主任　　　　　　　馬先醒

九、華學中心主任　　　　　　安密邇

十、人事室主任　　　　　　　張溯崇

十一、主計室主任　　　　　　劉炳吉

十二、公共關係室主任　　　　黃貴美

十三、圖書館主任　　　　　　石文濟

十四、博物館主任　　　　　　趙振績

十五、藝術館主任　　　　　　郭長揚

十六、華岡學會百友會秘書　　蔡漢賢

股東、同仁、公司大結合

一、宗旨：

　　1. 結合股東、同仁資力，發揮公司經營效能。

　　2. 把錢貸給公司運用，配合士氣、能力、組織及
　　　機器設備，增加公司生產力、營業力，能分享
　　　較優利息、薪資、良貨而安定生活。

二、辦法：

　　1. 一月期：月息○・八％（未滿整數月零星日數
　　　不計利息）

　　2. 一年期：年息十一・○％

三、接洽單位：本公司財務課（專用帳戶：各地郵局
　　一三○五○號劃撥帳戶）

6月1日　星期五

喬寶泰接任新院長。

韓國前議員金淑鉉來華接受哲士學位。

十一時與博士班一部分同學談話。

為田桂林五權憲法理論體系題字。

陳德昭贈中國文化概要一冊。

巴黎同學莫詒謀來函，擬重組華岡學會分會。

閱知識青年黨部專案調查報告「大專學生對當前各項問題的看法」。

梁玲宜女士談家政系及西班牙文組與家政班事宜。

6月2日　星期六

撰「閒話家常」，為畢業典禮作。

黃正銘先生下葬華岡中學後山。

研究部博碩士班招生發榜。

張炳楠函告台灣研究所資料中心及基金籌募工作正在進行中。「台灣文獻會圖書目錄」介紹文送華學月刊發表。

謝佰竑自紐約來函，莊公子在辦舊金山僑光報。

陳祚龍來函，談國際東方學者大會，謂法籍首要友好向予致意。

奧國夏多福教授來函，謂應聘為中國文化研究所董事。

自由中國詩人聯誼會呂民魂寄「蘭亭雅集」。

6 月 3 日　星期日

十時參加大學字典編纂會議，敦促務須于九月間出版。

劉英柏帶來一部分夜間部同學在博物館合影。

文華推薦劉師誠為經濟系主任。

夏威夷大學楊覺勇教授抵台，住希爾頓飯店 826 房。

發孫碧奇先生聘書，兼菲律賓研究所所長。

呂秋文擬出席國際人類學民族學會，九月在芝加哥舉行。

楊逸農建議趙連芳遺書贈送本校。

青年黨辛植柏來函，為候補立委事。

6 月 4 日　星期一

歐豪年自日本回校，報告畫展經過情形，攜回東方文化研究協會發起人名簿。

朱慶堂電話，美貸款有希望。

戈福江先生來談實驗牧場事。

王秀南寄來晚晴圖照片，謂本年雙十節將來台。

張靜愚來函，推薦張導雄教授兼代機械學系主任職務。

徐哲萍送來博士論文「張子氣運哲學」管窺。

張果為先生來函，謝聘其為華岡教授。

魏喦壽先生去世。

6 月 5 日　星期二

端午節。

十時半授予韓國檀國大學金淑鉉名譽哲士，同來者為該校助教授崔在明與亞盟總會公共關係組副組長徐志新。

吳黃淑慎來函，得博士學位，導師施友忠，論文題目張可久之散曲詩人。

潘維和寫「華岡夜話」一文，甚為得體，擬轉載創新。

章幗君氣象系本屆畢業生，欲任系助教。

張枝榮、姜雪峯，一考博士班，一考碩士班大陸研究所，均未錄取，有所陳述。

華岡專家來訪，談拍本屆畢業典體景物事。

浙江化工系同學徐立成來訪，宋晞同來。渠在美克利夫蘭太空公司工作。

6月6日　星期三

九時常會，談監察院與司法行政部事。

與朱慶堂、陳繼旺商美貸款函件。

七時國劇科在國軍文藝中心公演。

朱匯森次長來校演講如何與人合作。

紐約李王繁汀女士（Mr. Alice Wang Lee）推薦美籍學生 Eliot Sperling 工讀。

李德高（聖路易與密西西比兩個大學教育碩士）任推廣教育中心副主任，赴美開會。

鄺利安贈魏晉南北朝史研究論文書目引得（史研所邱坤良轉）。

氣象系刊第二期出版，鄭師中送來。

6 月 7 日　星期四

參觀華岡書展。

視察藝術館工程。

新聞學雜誌第九期出版，曾得救國團獎狀，總編輯張靜濤。

中文系文學組畢業生張月嬌現隨劉毓鋆研讀經書，善書法。

魏德邁將軍來函。

張德光先生贈送共匪外交政策（英文本）一書。政大客座教授。又贈政大政治研究所年刊。其妻金幗嫦為一會計師，在東吳客座副教授。

蘇瑩輝來函，云將出席七月十六日在巴黎召開之 29 屆國際東方學人會議。

6 月 8 日　星期五

下午四時華興公司月會，黃延星、盧品、吳岱勳列席。

尹雪曼就任廣告班主任，偕高渠來訪（輔導會參事、文化局顧問）。

擬具華林公園建築設計圖。

上午十時對戲劇系同學講學。

十二時召見博士班同學談話。

美國新聞處贈七十年代美國外交政策。

Fairfield Univ., Fairfield, Connecticut 大學哲學系教授唐力權 Lik-kuan Tang 寄來 "Confucian Jen and Platonic Eros: a Comparative Study"，投稿中日文化季刊。

6月9日　星期六

中央大學五十八週年國慶【校慶】紀念日，碩士班第十屆畢業，大學部第二屆畢業，上午九時在中正圖書館，余與相關代表、校長致辭，楚崧秋代表家長致辭，十二時半回華岡。

徐光堯來訪，其從姪女徐麗雪家政系畢業，將代表夜間部致辭，並願在校任職。

王大任來談世界詩人大會事，彼為籌備會副主任委員。

華岡年刊第七期出版。

瞿立恒新任英文系主任，慰勉之。

李鵬南，北平人，年34，台大農藝系，（49）學生，Univ of Rhode I.（Kingston）物理化學博士，申請服務。

英文系張易教授來見。

1. 華恩超級市場
2. 大恩餐廳
3. 華岡實習銀行
4. 華岡出版部
5. 碧園農林漁牧公司
6. 華岡貿易企業公司
7. 華成建設股份有限公司
8. 華榮美術工藝公司
9. 華林社區開發公司
10. 華林觀光事業公司

11. 華太海洋公司

12. 華成化學公司（未成立）

13. 華仁醫藥中心（未成立）

14. 華興服裝公司（未成立）

15. 華岡藝術總團

石井光次郎	日本東京都港區高輪四一一○一六三
石坂泰三	日本東京澀谷區松濤一一一三一六
宇野哲人	日本東京澀谷區初台一一二二一七
嘉治隆一	日本東京港區櫻田町七
灘尾弘吉	日本東京世田谷區岡本一丁目二七四五
船田中	日本東京港區南青山四一八一十五
福井康順	日本日光市日光山內
森克己	日本東京文京區小日向丁二一二六一四
諸橋轍次	日本東京新宿區西落合一一五一五

6月10日　星期日

十時本校畢業典禮，司儀朱世惠女士。研究部第十屆，大學部第七屆，夜間部第八屆，專科部第五屆。

中午宴請張靜愚、楊覺勇父女、張德光夫婦、楊國平夫婦（南投民政局長）。

陳天錫贈遲莊回憶錄第五、六編。

張行周先生贈「寧波習俗叢談」。

吳怡贈「逍遙的莊子」一書。

麓保孝贈「北宋儒學之展開」一書（防衛大學教授兼圖書館長）。

宋越倫見訪，談日本研究所及日文組事。

6月11日　星期一

體育系第四屆張至滿（留美）、陳立中（任講師）、第五屆許志銘（受軍訓）得師大碩士，十一時來見，並呈論文。

地理學系創刊號出版，地理學會編印。

傅培梅女士來訪。培梅食譜著者，其女為演飾長白山白寡婦之程安琪。王生善陪同，擬請其在家政系教烹飪課。

派曾興平在藝術館服務。

接見代表碩士班領取證書杜明德（政，24，苗栗），代表專科部杜美錦（舞，21，台中豐原）及市政研究所馬益財（26，高雄）。

視察萬柑園工地。

6月12日　星期二

十一時召見第五屆華岡青年。

姚淇清說此次法律研究所招生，考生 41 位（本校 11，台大 11，政大 8，東吳 6），只取一位太少了。

熊慧英談兒童福利系事。

音四王維娜君請求留校。

劉伯驥寄來新著中國哲學史自序，交華學月刊。

召見學生王祖榮（三研，26，海南），代表碩士第一名獎狀，朱守鳳（體，女，24，睢寧），代表大學部第一名。

復美國魏德邁將軍書。

劉大雲介紹張秀含（經濟學）、胡鴻文（哲學，兼

改專任）、華實（國文）。

6 月 13 日　星期三

鏡湖回家。

常會，討論南北高速公路案。

八時參加舞蹈科畢業公演，成績甚佳。

起草「文經合一」文，供評議會致辭。

薛光前先生贈 *Taiwan in Modern Times*。

畢聯會贈送照相簿，內含各學系畢業生合照。

羅漁先生贈美國地理學會出版 *Greece and Rome* 一冊，又 *Intelligent Digest* 一九七二年七月一冊。

陳祚龍來函，丹麥波耶爾女史將來華研究。

6 月 14 日　星期四

杜聰明來訪（年八十三），贈回憶錄一冊。

鄧文儀來訪，贈冒險犯難記，並希望聘為專任教授。

天理大學校長田中喜久男推薦松園龜雄副教授作為交換教授（國士院大學文科研究所博士課程修了），並請延長江樹生留日一年。

岡野貴美子來函，謂收到賴秀雄送去禮品，謂「正本堅實，第一主義，精進努力」。

柯達（Kodak）（遠東）公司台北分公司寄來柯達的另一面，介紹 154 種利用攝影促進工作效率化的方法。

木下彪定二十日前後返日，明年二月再來。

6月15日　星期五

十一時召見華岡青年第二批。

中午曾道雄、辛永秀、唐鎮、申洪鈞、陳澄雄、林玲珠、潘世安（大三）、李小蓮（大二）、劉冠群（五專二）、錢南章（助教）。

下午四時第二屆第一次評議會，喬院長報告甚有價值。

郭長揚擬藝術館組織規程。

音樂系四年級生李榮川贈「揮不散的雲霧」一書。

陳祚龍寄來「李唐至德以前上元燈節景象之一班」，交文藝復興發表。

楊秀濱見訪，其夫將轉營國際貿易。

羅佩秋介紹許祖惇來校任英文教授。

6月16日　星期六

下午八時中國廣播公司主辦中國藝術歌曲之夜（中山堂），本校舞蹈科演出西藏舞曲。

譚光豫推薦陳棠華（加州大學博士）為化學系主任。

張靜愚赴美，攜本校校景幻燈片三十張。

地質系實習准予補助伍仟元。

關世傑來函，詳述在美旅行考察海洋科學之所得。

衛挺生寄來改慈對其日本建國一書之評語。

胡品清寄來本年度法文系系刊，其中文章都是二、三、四年級學生執筆的。

大華晚報社來函

院長先生：

貴校華岡舞展演出極為成功，傾接獲數百封讀者來函，要求轉請　鈞座考慮繼續公演數場，安排于暑假之初，各地僑生歸國之際，共同欣賞　貴校精湛藝術造詣。

轉此謹頌

德安

大華晚報社　六二、六、十八

6 月 17 日　星期日

魏岩壽公祭。

林桂圃夫婦見訪，其妻劉守莊欲在本校兼課。

蔡啟榮來書，謂與紐約大學研究所簽了一年合同，繼修進修，並協助發揚中國針灸之事。又謂黃明德【黃民德】江湖習氣甚重，在中醫界聲譽不佳。

駐韓國羅大使來函，請贈韓國文教部高等教育局局長吳聖植名譽哲士。

愛蘭娜來函，為凌直支先生父女畫輯事。

薛光前來函，余靜芝女士願捐款五千元（美元）為本校購書用。

許建吾自港來函，囑為保證人，並推薦周書紳先生。

6 月 18 日　星期一

四時財務會議，將建築事擬委託喬院長。

請黃民德診治鼻疾。

潘廉方見訪，詳談土地資源系事。

張炳楠函告本年度政治學系畢業生情形良好。

陽明山管理局張敬榮希望能排課。

孫碧奇先生寄來人事表格，應聘與否，七月再定。

侯健來函，稱本校學生彬彬有禮，與台大飛揚浮躁之氣，迥乎不同。

「中大在台灣」一文分寄戴運軌與王成聖（中外雜誌）。

國家安全會議袁英華謀兼教國文，婉辭之。

6月19日　星期二

木下彪將回日，明春再來。

菲律賓基督教大學中國文化學院丁少徽寄來羅黎晞博士（Doctor Roxy Lefforge）頌辭。

聘任泰為華岡教授兼華學中心語文教育中心（東伯）。

梁玲宜來長談家政系今後方針。

岡野貴美子來函，每月最後之星期日，華岡學子在孝道山聚晤。

家政碩士張雲燕來求事，派為華岡博物館職員（大賢館 114 室）。

新聞系第五屆畢業生朱承平函陳校務意見。

趙牖文惠贈中國近代史綱、中共禍國史綱。

6月20日　星期三

常會，吳俊才報告美蘇華府會談。

下午四時視察碧園農場，五時半返校。

喬院長報告藝術館工程及付款情形。

朱正宗贈美國企業管理史譯本。

許建吾自香港來函，推薦周書紳為鋼琴教授。

薛光前寄來沈家楨主辦世界宗教研究所英文簡介。

吳德生推薦沈成添為華岡學報編輯（原為王吉林），自七月份起月薪一千元。

6 月 21 日　星期四

馬廷英見訪，聘為華岡教授兼中華學術院地球科學影體與研究中心主任。

倪愛華君英文系畢業第一名（父倪宏聲，省府祕書處），聘為中華學術院祕書。

何金鑄來函，詳述一年來在城區部辦理訓導之經過，復函嘉勉。

李煥燊贈台灣藥用植物之探析一書。

十一時看華視為本校所拍之校景。

函舞蹈科主任高棪，勗勉今年華岡藝展舞蹈表演之成績。

韓國清州女大康基用校長寄來韓日弘道門，介紹兒童公園于美哉中華。

6 月 22 日　星期五

下午六時半南昌街陸軍聯誼社，戴伸甫宴請。

周應龍著「開放的社會與關閉的社會」，囑為推薦。

謝思籌的美匹慈堡來函，復之。

陳武（雲林縣斗六鎮警民街十八巷四號）留日得東
洋大學法學碩士（商事法與民法），願來本校授課。

慶熙將送美交換學生（白雄基、李根亨）來校。

林桂圃偕夫人劉守莊（婦聯會慰勞組長），欲來本
校兼課。

楊羣贈海忠介公集一部。

6月23日　星期六

起草華岡文化觀光中心計畫書。

丘正歐陪吳宏淵與印尼學生二人來訪：江九宏（政
大），台灣各大學旅印尼同學會長，嘉珍金鋪總經理。
羅文（世宗），副會長，羅氏互助會祕書。

俞大綱推薦國劇組行政事務處、戲劇研究所首屆畢
業生侯啟平擔任劇專，行政事務仍交張鴻謨，郭勇以專
任講師，在國劇組及劇專任排演及術科。俞先生每月上
山一次。

鄭曼青寄來在美講學照片。

薛光前寄來名譽哲士余靜芝女士中英文頌辭。

6月24日　星期日

起草「華岡文化觀光中心」計畫案。

何金鑄來談，已改派為專任副教授兼社區發展部區
域設計部主任。

張公子已講完博士班功課，希在校內找工作。

張立齋要求宿舍，請其暫住大忠館套房。

　　陳小美偕其夫梁冠謀（自立電機工業，廠址在瑞芳）自港返來訪。

　　黃秋茂自日來台。

　　熊慧英贈「文言文欣賞讀物」、「兒童少年欣賞詩選」第三冊。

　　楊羣贈影印「海忠介公」全集。

　　王青雲（音樂系鋼琴教授）贈美國博物館名畫集。

6 月 25 日　星期一

　　尼日共和國駐美大使狄艾樂（Diallo）夫婦來訪。

　　謝覺民來台處理地圖工作，留兩個月，住自由之家。

　　梁玲宜談家政系計劃，並籌蓋食品與服裝兩工廠。

　　四時財務會報，討論「華岡文化觀光中心」計畫，定孔誕日揭幕。

　　音樂系學生李榮川來見，其詩集「揮不散的雲霧」請補助印費。華岡詩社，華岡詩歌朗誦隊（曾得金像獎），新生訓練教唱工作。

　　英語系助教伍錚之（去年畢業，四屆華岡青年，基隆市人，柯叔寶為其姨丈）來見。

　　中央日報編輯部讀者之聲謂舞蹈公演博得一致好評，希望再度舉行。

6 月 26 日　星期二

　　存款十萬元，共二十萬元。

　　與本校八位國家博士一同拍照。

看華視為本校所攝畢業典禮照片。

任泰來訪,接受華岡教授。

研究生報到。

陳宗熙交來應屆市政研究所碩士馬益財論文「台灣地區綜合開發計劃中都市體系建立之研究」。

函修澤蘭,請其設計華林住宅區。

王寒生介紹其女麗明(師大,巴黎羅浮宮美術專校)來教美術。

6月27日 星期三

常會,馬樹禮報告亞東關係協會東京辦事處工作近況。據稱紫檀獸足的棋盤、翡翠與白玉的棋石,日人擬購回贈予華岡博物館(原物為李鴻章世代相傳者,贈予伊藤,安置在大磯別墅滄浪閣)。

下午四時由郭長揚陪同視察藝術館,重新安排各單位位置。

寄楊日旭論建都複印本。

顧一樵著蕉舍詞曲五百首出版(華岡叢書)。

本校研究生李天鳴(故宮博物院展覽組)寄「宋元襄樊戰役之研究」論文。

贈盧修一英文本今日台灣(聖大本)。本校留法學生。

6月28日 星期四

下午二時卅分立法二樓接待室開十大建設促進會。

Charles Gulen 來訪,楊守訓同來(台灣總代理)。

胡良通（工程師），敦峯公司，八德路一段 54／1，341217。Export Manager, Fisher Scientific Co., International Division, Springfield, N.J. 07081. Manufacturer-Distributor of Laboratory Instruments and Reagent Chemicals.（理化儀器、試劑）

　　陳友金來訪，美國海外供應公司遠東區總經理（專門工業貸款與現金貸款）。中山北（二）雙連大廈 602 室，561527。Domestic International Supply Corp.（International Financing, Purchasing, Industrial Machinery and Supplies）

　　安密邇推薦宋仲華（本校地理學碩士）為僑生輔導中心。居港八年，其父在中央黨部。

　　俞大綱見訪，談戲劇組與戲劇科事。

6 月 29 日　星期五

　　下午四時藝術館第一次設計發展會報。

　　九時接見美國匹慈堡大學 Wesley Posvar 夫婦，謝覺民陪。

　　張乃維擬美國研究所計畫。

　　滕詠延函陳在美考查植物園狀況。

　　孟昭彝寄來德國施密特（名譽哲士）講辭，演化論的人文主義，交文藝復興發表。

　　唐棣為中影主編真善美電影畫報。

　　楊羣推選薦雲大選（號子青，文昌人），囑為題字「海南聖人」四字。

　　潘廉方建議張維一升為教授，彼將赴美考察，九月

中旬返國。

6月30日　星期六

　　譚學波（哲學研究所，馬來西亞僑生）謀工作機會。

　　上午美國通運國際公司（American Express International, Taiwan, Inc.）代表薛理（Micheal J. Shelley）來談藝術館合作計畫，吳岱勳同來（中山北路二段108號，T 581176-9）。

　　下午方延杰來談華林園計畫，擬與陶桂林一商。

　　體育系送來本學期檢討甚詳備，可作示範。

　　陶鎔贈送中印友誼紀念特刊。

　　蕭麗娟，碩士論文「大眾傳播過程中親身影響之研究」（鄭貞銘指導），將赴日深造。

　　鄭焯嬋來函，謂文藝復興旨在「志于道，據于德，依于仁，游于藝」。

　　熊先舉寄來「中華民國大學暨獨立學院簡介」（國立教育資料館）。

台大交響樂團　明晚盛大演出
本報訊

　　「台大交響樂團與合唱團聯合音樂會」，訂於明日下午八時，在國父紀念館演出。

　　這項規模宏大的演奏會，合唱節目有：莫札特的「榮光頌」、韓德爾的「哈里路亞」、吳伯超的「中國人」、黃自的「長恨歌」以及徐志摩詞趙元任曲的「海韻」。演奏節目包括：貝多芬「愛格蒙特序多曲」【愛

格蒙特序曲】、蕭邦「第一號鋼琴協奏曲」、黃友棣的「春燈舞」、許常惠的「嫦娥奔月」等。

　　台大交響團成立於三年前，目前有團員八十人，由於他們龐大的規模及出色的成績，因此受到各界重視。去年，香港、新加坡、泰國、印尼、馬來亞及澳洲均邀請他們出國演奏，教育部也已批准，不過因為所需經費一百六十餘萬太過龐大，除了該校答應補助五十萬、工業鉅子該校校友林挺生自願補助五十萬元外，其餘經費尚無著落。

大忠館

10　　50

9　133

8　133

7　休息廳 8.7　放映室 7.7　冷氣機 5.6

6　辦公室 55

5

4　大禮堂休息廳 8.2　活動音樂池 223

　　彈性舞台 85

3　辦公室 2（8.2）　大廳 125　化粧室 140

　　13.5 二　8.36 二

2　450

1　230

中國文化學院推廣教育中心暑期專修班招生公告

（一）宗旨：

以本院新式教學設備與優良師資，協助有志進修之在學青年與社會人士，吸取新知，充實技能，並配合國策，推行建教合作，為公私機關訓練人才，蔚為國用。

（二）招生班別：

（1）秘書業務班

（2）商業文書班

（3）國際貿易實務班

（4）會計進修班——

分普通會計班、成本會計班、稅務會計班

（5）實用日文班——

分初級班、中級班、高級班

（6）家政班

（7）美術工藝班——

分室內裝飾班、雕塑班

（8）現代廣告班

（9）觀光事業班——

分旅館管理班、餐廳管理班

（10）電子計算機專業訓練班——

分式譯程式語言設計班、商用程式語言設計班、電腦打卡班。

（三）報名資格：

（1）高中高職畢業或同等學歷。

（2）大專肄業畢業或同等學歷。

（四）報名日期：六月三十日至七月八日。

（五）報名與上課地點：

　　　均在臺北市中山區吉林路一百一十號本院城
　　　區部。

（六）附註：進修期滿，成績及格，由本院發給結業
　　　證書，成績優良者協助其就業。簡章備索，進
　　　修良機！習藝捷徑！

大學招生名額核定，共計二四二三五名

本報訊

　　教育部昨日下午正式核定各大學暨獨立學院六十二
學年度的招生名額：計台灣大學一、九五五名，政治大
學一、一二二名，清華大學三一六名，師範大學九六九
名，交通大學工學院四一〇名，中央大學理學院二六〇
名，成功大學一、二七四名，中興大學一、四四一名，
海洋學院六三五名，高雄師範學院四四〇名，教育學院
二〇〇名，東海大學八〇四名，輔仁大學一、六六六
名，東吳大學一、四六五名，中原理工學院一、四四〇
名，高雄醫學院三四〇名，淡江文理學院二、五八〇
名，中國醫藥學院三六〇名，中國文化學院二、八八〇
名【張其昀親筆加劃紅線】，台北醫學院三〇〇名，逢
甲工商學院二、六四〇名，靜宜學院四八〇名，大同工
學院二五八名，共計二四、二三五名。今年錄取人較去
年增加一、五五九名，依照本年報考學生人數計算錄取
比率為百分之二四點七，較去年百分之二十七略少。

夜間部 16 系

$$\frac{\begin{array}{r} 1,114 \\ 5 \end{array}}{5,570}$$

新增系組招收新生以一班為準
限收男生女生簡章中特別註明
本報訊

　　教育部表示：經該部核准自六十二學年度起招收新生之新增學系（組），以招收新生一班為準，每班招收人數以五十名為原則（公立學校最少四十名），但准加二成分發。

　　教育部指出：各校原有學系（組），每班招生人數包括核准加成分發名額在內最高為六十名，其超過六十名者，應另行開班上課。

　　同時，各校情況特殊不適於男生或女生報考之學系（組），除在本年招生簡章中特別註明規定限收男生或限收女生者應准照辦外，其餘未在本年招生簡章中規定者一律不准。

考生志願分析今年提早完成　多想進入臺大就讀
電機外文醫學國貿最為熱門
本報訊　　　　　　　　　　　　　　　　　62.6.30

　　今年大學院校聯招，考生所填志願，與往年相差不多，第一志願都是臺大的系組，甲組以臺大電機系最吃香，乙組是外文系，丙組醫學系，丁組商學系國際

貿易組。

甲組以臺大電機系為第一志願的，共一萬三千三百七十七人，佔報考甲組的總人數的百分之六十四點零七；以臺大化學工程系為第一志願的，共有考生一千六百八十五人，佔報考甲組的總人數百分之八點零七。

乙組以臺大外文系為第一志願的，共一萬三千八百人，佔報考乙組總人數百分之四十四點三八；以臺大中文系為第一志願的，共三千四百一十四人，佔報考乙組總人數百分之十點九七。

丙組以臺大醫學系為第一志願的，共八千六百六十九人，佔報考丙組總人數百分之六十九點五零；以臺大藥學系為第一志願的，共一千零一十三人，佔報考丙組總人數百分之八點一二。

丁組以臺大商學系國貿組為第一志願的，共兩萬兩千零八十八人，佔報考丁組總人數百分之六十點五五；以臺大商學系工商管理組為第一志願的，共兩千七百二十六人，佔報考丁組總人數百分之八點一三。

參加今年大學聯考的考生，共九萬八千零七十三人，預定錄取兩萬四千兩百三十五名，總錄取率是百分之二十五。報考甲組的有兩萬零九百九十人，將錄取九千六百二十六人，錄取率是百分之四十六；報考乙組的有三萬一千一百零三人，將錄取四千九百九十人，錄取率是百分之十六；報考丙組的有一萬兩千四百七十三人，將錄取三千五百人，錄取率是百分之廿八；報考丁組的有三萬三千五百零七人，將錄取六千一百一十九人，錄取率是百分之一十八。

　　今年因為採用電子計算機作業，所以有關考生的志
願分析，比過去提早完成；過去一定要在放榜分發時才
知道。

陳善鳴，兼任教授，51，諸暨，浙大化工（卅三），
　　　　王永慶台灣塑膠關係企業總工程師。

王愛國，輔仁中文碩士，治金文、禮記，24，南匯，
　　　　金華街 157，孔德成介紹。

張子平，商學系助教，希升為講師，朱慶堂推薦。

梁上元，父梁寒操，母黎劍虹，24，高要，青田街
　　　　5/17/7，台大植物碩士。

陳湘援，40，醴陵，泰順街 26/33，大眾傳播系，蔡
　　　　文華介紹，主祕周貢九之妻。

劉守莊，林桂圃之妻。

溥孝華。

姚兆明，義大利羅馬國立藝術學院（研究院）以第一
　　　　名獲碩士。

韋光正博士，政大新聞系，奧國莎茨堡大眾傳播博士。

歐茵西博士。

馬乘風，易大德面洽。

華　實，劉先雲介紹。

7 月 1 日　星期日

美國研究區域性會議。

大學聯考今日開始。

周厚齋師見訪，為蔣孝鎮公子友吉聯考事。特種考生，常備兵退役，乙組。

王啟槐來函，近在史丹福大學研究華僑問題，回國後希望在夜間部兼課。

馮文質由教廳派遣，出席世界教師組織合會二十二屆大會（七月廿六至九月廿六，共二個月），第七專門委員。

梁永章來函，考慮蔡讚雄派為花蓮縣黨部書記。

託香港余蓀庭轉知吳乾樑書，請其來台商洽建築合作事。

薛光前寄來世界宗教研究院簡介，擬登華學月刊。

陳祚龍寄來「中世中原社會史料鱗片類述」，擬登華學月刊。

7 月 2 日　星期一

四時財務會報。

The First Regional American Studies Seminar of East Asia.

聘梁宗鯤為華岡中學校長，周繼文為教務主任，周其文為總務主任。

沈英名（孟玉）贈「詞學論要」一冊。

美國德州大學古貝克教授來函，詢及華學中心美國分所計畫。

日人下田真樹來訪，謂其友經馬樹禮先生介紹，擬
李鴻章家舊藏之玉石棋盤贈送華岡博物館。

蔡茂松寄來有關韓國朱子學之論文數篇。

吳文教授、鄭焯嫿女士來訪。

7月3日　星期二

擬評議會提案、華岡學會總會案、華岡教授案。

馬孝駿偕包克多教授到校。

李天鳴來訪，其叔鑄晉為堪薩斯大學藝術史教授。

林銘治送來碩士論文「我國現行公司重整規定之
研究」。

體四郭展義送其著作「最新拳擊訓練法」一書。嘉
義人，格致中學體育組長。

邢光祖來函，談西洋文學研究所英文組課務事。

複印孫洪芬先生用本國農產物來創建新的化學工業
（百賴斯替），寄湯元吉先生。學術季刊第一卷第一
期，四十一年九月廿日。

7月4日　星期三

常會，予主席，梁永章報告台省黨務狀況。

下午四時偕喬寶泰、鄭嘉武、謝孝耀往訪陽明山金
局長，談校區發展事宜。

陳民耿見訪，推薦地學研究所畢業生鄧景衡，擬派
在華岡學會工作。

公共關係室接待組主任高輝陽，藝術研究所碩士，
雲林人，致予一書寫得極好。

廖與人贈中國與美國一書。

姚榮齡贈本校市政學系研究報告「萬大社區更新之研究」一冊。

郭榮趙贈其自著「十九世紀英國史」，又史學系第七、八兩屆合作歐洲史辭典（謹以本書獻給母校暨創辦人張曉峯先生）。

7月5日　星期四

陳民耿推薦鄧景衡（欽縣，地學碩士，第四年）、周山一兼課（本校法研，35，士林區芝山里芝玉路一段 36 號二樓，嘉義布袋，行政院國科會科員，東吳助教）。

蔣緯國贈三軍大學印學術座談會紀錄專輯，非軍事性第一輯。

下午三時出席國民大會憲政研討會第三次審查會。

蕭自誠來訪，薦其女韻華為本校植物系助教。台大植物系畢業，21，邵陽。

為羅福林、李興才著印刷工業概論作序。

許祖惇已應東吳大學之聘，原任淡江外文兼任教授。

曾耀昆擬赴日九州大學農學部食品化學工程研究。

7月6日　星期五

許志銘（第一屆華岡青年）、周春英（第三屆華岡青年）夫婦為黃里愛辭退周君事，交喬院長處理。

英文系劉有理女士求職（嘉義人）。

陳康先生今年不能就華岡教授。

潘重規偕林尹來訪，接受華岡教授，十月間到校。贈新編紅樓夢脂硯齋評語輯校一冊（新亞紅樓夢研究小組）。

訪蔣君章，為張起鈞夫人事，承贈「民生史觀政治地理學研究」。

林衡立偕其親戚郭華榮君來訪，贈其父所著「書學原論」與「台灣史略」，聘為民族研究所專任教授兼台灣山胞研究室主任。

7月7日　星期六

美國教師訪問團（比較教育學會）九時半研討會，十二時午餐。Dr. Gerald H. Read 團長，Prof. Read，Kent Univ.「新型的大學」、「道德倫理文化教育」，午餐演說「私立大學之任務」。

晚間上海銀行副總經理謝超（作周）等。

中午宴請美國國際教育學會一行約一百人座談會。大學的新形態、道德倫理與文化教育，The Comparative and International Educational Society 出版 *Comparative Education Journal*。

宋時選派鮑克正來訪。

李德高自美來函，報告參加美國中部地區大專院校教育研究會。

自然科學協會在顯光堂開會，選出張桐生為會長。

我國百大民營企業南亞蟬聯首位　國華化學獲利最高
本報訊　　　　　　　　　　　　　　　　62.7.6

　　中華徵信所今日正式發表我國最大民營製造業的排名，南亞塑膠公司以高達四十億元的銷貨額，保持首位寶座。

　　今年百大民企前十名的名次有相當幅度的變動，顯示我國大型企業在業績方面的競爭相當激烈。除南亞塑膠蟬連首位，大同公司以二十四億九千萬元保持第二位外，臺灣塑膠公司已超越早年最大民企——臺灣水泥公司，以二十一億九千萬元的營業額躍居第三位，臺泥營業額亦略高於廿一億元，屈居第四位。臺塑關係企業的另一大企業——臺灣化學纖維公司，以十七億六千萬的營業額仍保持百大的第五位。

　　遠東紡織公司連續以高成長率，由五十九年排名十一位躍至六十年排名第八，六十一年度又更上一層樓晉居第六名。另一成長快速的大型企業聲寶公司，由於日圓升值後家電產品外銷驟增，排名由十四位躍升為第七，裕隆汽車、臺灣松下電器及臺元紡織分居八、九、十名。

　　百大企業中，獲利最高的首推國華化學公司，去年銷貨報酬率高達百分之卅四點八，正大尼龍居於次位，銷貨報酬率亦達百分之卅點六，國內唯一生產聚乙烯塑膠的臺灣聚合公司，則以百分之廿五點三居第三位。

　　至於淨值報酬率，首推聯福製衣公司，該公司資本淨值僅九千八百萬元，六十一年營業額為三億五千六百元，係第一次晉入百大企業，稅前純益六千五百八十萬

元，淨值報酬率高達百分之六七點四。淨值報酬率之
高，在國內外大型企業中均屬少見。百大企業銷貨成
長率最高的是中央冷凍食品公司，去年營業收入四億
四千二百萬元，較六十年的八千萬元，增加幅度幾乎達
五倍。

上項民營製造業排名報告已於今日出版，公開發
售，洽購電話三八一四八四、三六六七二七。

7月8日　星期日

劉大中夫婦來訪。

蕭自誠女韻華來訪，欲在植物系任助教。

余越光先生介紹黃兆綏教營養學（宜興，年57，
國防醫學院畢業）。

謝瑞智自薦來本校任課（台南人，廿四年生，長安
東路一段79號二樓。日早大碩士，奧維大碩士，中央
社工會總幹事）。

李佩芳為家政系華岡青年，求服務機會（新竹市北
門街236號）。

為羅福林、李興才撰「印刷工業」序。

羅香林函詢香港碩士班畢業升入華岡博士班辦法。

7月9日　星期一

下午四時財務會報，侯中一列席，擬派其赴港一
行，陳繼煌赴美一行。

畢杜斯偕新任科學顧問克拉克來訪。

關世傑自美回，報告考察海洋研究情形。

王士儀在牛津大學肄業，回國收集材料（導師荷人，van der Loon）。

中午在中國大飯店宴請潘重規、林尹，高明作陪。

羅超華（政大新聞系）論文，電視媒介應用于台灣「空中學校」之效果，指導劉家駿。

易大德謂詩學研究所建築基金籌募將近二十萬元，足夠建築二間之數。

潘重規贈「錢謙益投筆集校本」。

五專報名 666，研究所報名 777。

7月10日　星期二

潘維和送來城區部現有人員編制及說明。

華夏導報刊出國訪問簡要報告，喬院長著（未完）。

張易推薦張福堃為英文教授（紹興，生長北平，師大英語系，夏大，加、密、哥研究，蒙大拿碩士）。

張甫嘉參加美國童軍總會，來函報名。

鄭宏惠來訪，贈吳惠平鍼灸學。

尹德壽來訪，贈新編日文法，擬編中國食學，鼓勵之。

寄林衡立民族研究所專任教授聘書。

7月11日　星期三

擬定發展華岡文化觀光事業計畫及貸款預算。

上午常會，毛松年報告僑務。

聘馬孝駿為音樂系主任兼五專西樂組主任。

楊仲揆介紹琉球學生下地吉廣留學。24 歲，日本

大東文化大學文學部畢業，研究中國古代文字。

擬魏德邁將軍歡迎辭。

金史看完，開始看宋史。

陳立夫來函，囑在財務上援助健中，以自顧不暇卻之。

吳永猛博士論文「洪範經濟思想之研究」已印行。

7月12日　星期四

英語研究所尹玉蘭介紹至博物館任職。

華岡理想由柯淑齡整理出續編。

韓國圓光大學副教授、民俗學研究所所長金泰坤來訪，施翠峯陪見，明年擬在台北舉行民俗學會議。

湯元吉寄來台糖、台肥有關文件。

卜少夫贈「受想行識」一書，為其特寫之結集。

梁寒操推薦陳則東君（65，武進，西安參政局專員），未能延用。

韓國鄭泰赫寄來西藏語與梵語學瑜加修行法，又佛教文化研究所佛教學報第九輯中論釋。

7月13日　星期五

魏德邁將軍抵台。

興業公司會報，下午四時顯光堂舉行，各單位報告業務。

上午十時校區設計小組第一次會談。

上午十一時所系主任分組談話第一次，哲學、國文、經濟、政治、市政。

謝覺民來訪，贈新出中國地圖集，*Atlas of China*。

針灸醫師吳惠平來訪，云不久將赴美訪問，贈新
著書。

匹次堡大學校長 Posvar, Wesley W., Chancellor 自曼
谷致書道謝。

易大德曾訪馬乘風，並與有關方面接洽教課，有
可能。

葉醉白推薦留日郭秋娥女士任教。25，南投竹山，
東洋大學碩士（私法），台中女中，輔仁（法），伊通
街 33。

7月14日　星期六

韋達自香港寄陳希夷心相偏一書。

師大化學系主任程祥榮應聘為本校化學系主任。和
平東（二）114 八號之一。

潘廉方出國開會辭行。

周道濟送來政治研究所照片，交美哉中華。

何浩天先生就任歷史博物館館長。

新聞系「永恆樂章」第七章傳薪集出版。

新聞局寄來薛光前、梁和鈞訪問魏德邁紀錄，影印
十二份備用。

蕭滋、吳漪曼自日月潭寄來風景片致意。

喬寶泰報告

韓國延世大學十一個學院中，共有四十五學系，各
系都辦有研究所；漢城大學已產生一千位博士，其校友

出國留學亦已有一千位獲得博士學位，該校今後仍為以研究部為中心的大學。但為辦好研究部，有些著名大學，對於研究生人數，加以限制，如加大洛杉磯分校，就是這樣。英國教育部今年三月初公布白皮書，要求提高大學水準，以造就高級人才。規定大學生由年增百分之六點五，減至百分之五；研究生由年增百分之十九，減至百分之十五，頗值借鏡。

美國各大學的成績，A 是四分，B 是三分，C 是二分，D 是一分。一般的大學，大學生平均要維持二點零以上，研究生則需三點零以上，才能繼續就讀。教授評定成績，不是固定的八十分以上為 A，七十分以上至八十分為 B，六十分以上至七十分為 C；而是用一種常態分配法，每班學生三分之一左右成績好的為 A，三分之一左右普通成績的為 B，其餘三分之一左右成績差的為 C，假若一個學生考得不錯，本該獲得八十分，但因全班同學都考得更好，他照樣會得個 C。因此，同學們彼此競爭得很激烈，促使大家更大的進步。他們的筆記，絕不借給同班同學閱讀，以免影響自己的成績。

7月15日　星期日

寫「華岡興學之理想」一文。

蕭師毅夫婦返德，九月中回華岡。

劉鴻喜擬薦薛繼壎為地學系主任。

潘維和報告城區部情況。

徐可燦贈「孔子文學觀」講辭，函謝。

土資系第一屆畢業生楊東開來函，擬在高雄組成聯

絡中心。

　　張桐生來函，談翻譯大學種種參考書事（World Univ. Library 百種，人文、科技各半）。

7 月 16 日　星期一

　　石文濟先生收到衛挺生書款美金一千伍佰元。*The Birth of Japan*，十六開本。

　　四時財務會報，籌畫八月份費用，擬請周道濟設法。

　　周邦道贈武進天寧寺志。

　　衛挺生寄來美金一千五百元，為出版「日本誕生」一書印費。

　　華岡青年梅鯤生可考慮。

　　沈宗執有高階層管理概念及技術。

　　看新舊唐書合鈔。

　　趙文藝贈「我國近二十年女子高等教育發展之研究」。

7 月 17 日　星期二

　　魏德邁將軍上午十一時並午宴，蘭度將軍同來。張市、于斌、吳經熊、查良鑑、蔣復聰【蔣復璁】、任春、郭榮趙、譚古光、瞿立恒。

　　食品工業學家 Leeder, Joseph G. 教授夫婦來訪，謝覺民同來。Food Science 系，Rutgers, the State Univ., New Brunswick, New Jersey 08903。

　　梁寒操之女梁上元碩士偕其夫來訪。青田街 5 巷

17 弄 7 號，327727。

覆倪愛華女士信。

為城區部裝設冷氣事，函大同公司倫偉良先生。

戴運軌推薦李正明為化學教授。工博，台大化工，休士頓博士，35 歲。

7 月 18 日　星期三

常會，青年工作會王惟農報告。

葉醉白自美寄來葉氏天馬藝術思想系序表。

高渠請參加中華電視台教師節節目，婉謝之。

劉鴻喜辭去地理系主任職，薦薛繼壎自代。

余伯泉將軍公子余國藩，芝加哥大學教授，贈予西遊記研究一文。

梁炳池來函，願在美國為華岡企業公司服務。

閱史學系一年級汪仙陵與美國訪客談話紀錄，甚好。

瑞士郭松雄寄來齊爾品之在華資料，齊氏為美國當代大音樂家。

7 月 19 日　星期四

午餐參加者戴運軌及數理化化工諸系系主任。

寄魏德邁將軍談話紀錄及照片九張。

紐約楊裕芬寄來四知堂手寫詩選。

華岡銀行通知華岡建校儲蓄運動辦法。

朱諶、李萍子在加拿大滿地可經商，函請其華岡貿易公司合作，致力中加貿易。

閱蔡漢賢擬百友會業務檢討報告，並提建議事項。

吳惠平贈其著作今日鍼灸、鍼灸世紀。

聘程祥榮為化學系主任。

7 月 20 日　星期五

下午四時出版會談。

山田勝美來華，留五日。

五專學生考試共三天，今天學術考試，明、後二日在大忠館術科考試。

閱新聞系出版傳薪集，此為該系連年出版之第七冊。

陳慶浩撰新編「紅樓夢脂硯齋評語輯校」（潘石禪贈）。

謝瑞智贈維也納大學溫克勒博士著法理學譯本。

韓文組出版韓文匯刊第六期。

閱 *Preservation of Cultural Heritage*（含亞洲諸國）。

羅超華送閱其在政大碩士論文「電視媒介應用于台灣『空中學校』之效果」。

7 月 21 日　星期六

接見史學系一年級同學汪仙陵女士，具有英語應對之才。

吳承硯偕其子（本屆園藝系畢業）來見，談孫多慈教授病況。

美國 Chapman College 環球學府輪 World Campus Afloat 學術設計組主任 Michael V. Olds 來函，談及十月

六日重遊華岡方案。師生約五百人，八日晚聽平劇。

介紹哲學研究所譚學波於華岡企業公司。

余蓀庭來函，謂吳乾樑擬偕其夫人及三位建築朋友，定下月底來台。

郭振中、張德藜夫婦與姜尚光夫婦來訪，商洽建築體育館與女生宿舍事（周中勛介紹）。

我求人助，人亦求我。

文藝復興
　富有　　　日新

富有：
農業國至工業國
入超國至出超國
受援國至外援國

日新：
民意　議會　和諧團結
士氣　社團　中流砥柱
學風　大學　學以致用建設創造

7 月 22 日　星期日

　　巴壺天贈台大哲學碩士陳榮波著「曹洞宗的五位宗旨研究」與東海中文碩士王建今著「袁枚的文學批評」二冊。

　　倪文亞來函，告衛聚賢事，以實情復之。

　　致巴壺天信，謝其贈碩士論文兩種。

　　組織工作會贈輔選工作紀實一冊。

　　虞舜寄贈其弟「虞和仁先生紀念冊」。

　　涂懷瑩贈其所著「現代憲法原理」等書。

7 月 23 日　星期一

　　下午四時財務會議，編定下學年預算為八千萬元。

　　全南大學農學院長朴鍾萬來訪。

　　黎東方返台。

　　王民信贈契丹史論叢。

　　約集李殿魁等商談大學字典出版事宜。

　　尹德壽贈「日本報業之考察」一文。

　　致函蕭滋，說明華岡教授新的規定。

　　趙學淵（政戰學校總教官）來訪，欲在本校任教。

7 月 24 日　星期二

　　十時大學字典開會，預定十月間出版。致函朱志耀，為購聖經紙事。

　　日本工藤重忠教授來訪。

　　林挺生囑致書錢國成（最高法院）。

　　魏德邁華岡談話紀要送華學月刊發表。

史學系主任吳相湘將赴美訪問。

中國時報洪安峯（本校新聞系畢業生）欲競選台北市議員。

7 月 25 日　星期三

六十二年暑期第三批海外青年回國觀摩團（韓、日、寮、棉）四九三人來校，八月十五日離台。

日本山田勝美教授來台，中午設宴，並歡迎黎東方回校。

十時為王雨生先生投票。

九時常會，孫部長運璿報告物價問題。

十一時赴國民大會投票，投第一委員會召集人王雨生一票。

王省吾自巴黎來函，報告出席東方學會。

劉河北來訪，擬于明春自美返國，來校服務。

7 月 26 日　星期四

民族晚報總編輯黃仰山先生談日本議員來訪事，贈與資料多種。

洪安峯來談關于競選市議員進行方法。

黎東方詳談美國國際大學近況。

藝術研究所碩士高明芳女士（高登海之女）著荊浩研究，囑余介紹于蔣慰堂。

四時臨時財務會議，為大慧館（女生宿舍）事。

擬編纂中國歷史文物百科全書，一年內完工，撥款一百萬元。

楊守珍來談化工系與化學系之關係。

黃國華來函，介紹陳濟棠公子樹柏夫婦來台講學
（八月五日啟程）。

7 月 27 日　星期五

星五座談。莊尚嚴、姚一葦、施翠峯、馬孝駿、王
生善、俞大綱（張鴻謨代）、高梓（高棪代）、莊本
立、郭長揚、張煥龍、王煥勛、熊慧英。

寫成中國之文藝復興一文（為歡迎灘尾弘吉訪問
團作）。

自立晚報刊載「魏德邁談書論劍」一文（黃仰山）。

海燕由鏡湖陪同回家。

大專聯合招生放榜。

馮文質赴歐美旅行，囑為介紹友人。

7 月 28 日　星期六

閱華岡年刊，為編輯「我愛華岡」資料。

赴華美大廈看鏡湖新居。

謝覺民來談台灣地圖出版問題。

黃正銘夫人交來紀念集哀輓。

國家安全會議出版「台澎地區縱深基地建設方案之
研究」。

陳民耿來訪，為鄧景衡工作事（地理系第一名，廣
東人）。

國立台灣藝術館館長馮國光贈美術作品聯合展覽
專輯。

楊鈞福任教法商已十四年，暑假第二次休假。

7月29日　星期日

策劃十二月廿四日大學部十周年紀念，計十八個學系。

宋晞來函，報告巴黎東方學會開會情形。

浦薛鳳來函，收到英文「劉譯陳著四書道貫」書評。

于斌發起人生哲學研究會日本總會，在日本孝道山成立總會，八月八日成立。

闞家蓂寄來華岡之戀一文，登文藝復興。

博士班學生李美月來函，近讀五千年史，益以得列門牆為榮。

胡硯農贈「最新作文法」一書。

蘇振申寄來「日本研究的整體觀」一文。

7月30日　星期一

大興、大榮兩館工程建築執照于今日發下。

寄魏德邁將軍國父之戰略學及民族晚報短評。

山田勝美來函，引同行村松教授及夫人語曰：「予謁張先生，乃始得見所謂大人者已矣。」

郭榮趙函：「士為知己者死，後學能力雖薄，惟必盡力為之。」

三峽鎮有慈善家王錦泉曾捐百萬救濟貧苦人家，請李梅樹先生致意。

高渠囑余出席華視座談（孔子節日），婉卻之。

　　僑生林寶美、陳守卿來談，一返馬來西亞，一赴法
留學。

　　接見體育館之營造商。

7月31日　星期二

　　四時財務會報，報告本學年預算與上學年決算。

　　朱慶堂見訪，談美國貸款事。

　　馮文質將出國，請予介紹國外友人。

　　蔡淑昭已升為副教授，談家政系課程。

　　桂世昌談餐廳一元化事。

　　樓桐生陪法國教授來談滇緬邊界游擊隊事。

　　函李梅樹，請向三峽王錦泉為本校捐款。

　　晁介嶺（定陶人），師大公民訓育系教授，今
訪談。

8月1日　星期三

常會，徐晴嵐報告共匪行將召開之十全大會與四屆人大。

高魁元發表為國防部長，登山見訪。

吳嵩慶偕鄧淑媛夫婦（日內瓦勞工局）與鄧昌國來訪。

馬啟華擬具超博士研究員辦法，目前暫不實行。

何顯重介紹林雅曾教二年級銀行貨幣一課（台大碩士，堪薩斯大學碩士）。

晁介嶺編著國父思想研究「三民主義綜合論」上下集函贈。

聯合大藥房醫生看皮膚病。

李紹盛送來經濟報告數種，甚有用。

8月2日　星期四

十一時臨時財務會談。

愛丁堡大學劉惠林偕寶克勤來訪。

薛光前轉寄紐約俞靜芝女士捐款美金五千元，又陳繼旺邀請書。

本校新任總教官劉修政將軍來談。

五專招考新生一百六十名，備取生四十七名。

8月3日　星期五

美國貸款案已告成功。

貞元計畫之一：華興公司組織系統表。

貞元計畫之二：重組華岡學會案。

下午四時評議會，喬寶泰報告年度工作檢討。

程兆熊偕詹純鑑來見。

上午十一時第三次所系主任分組談話會。沈怡、林尹、孫宕越、程光裕、查良鑑、王志鵠、桂裕、謝幼偉、吳怡。

蔡讚雄就任台灣省民眾服務社副主任。

8月4日　星期六

寫成「田曼詩山水畫冊」序。

擬紅寶石華岡餐廳觀光餐廳公司簡則。

擬華岡公司經營型式簡說。

十一時舉行華岡學會，宣佈重組案。幹事四人，△△△、鄧景韓、朱雅芝、游德蘭。

8月5日　星期日

擬宏揚華學百種叢書出版預告。

擬中華學術院頒贈華學獎金辦法。

為洪安峯競選市議員，偕喬寶泰分訪余紀忠、易勁秋、李煥。

接見紅寶石酒樓副理詹勳富，談合作事。

聘黃民德為針灸學教授。

五專新生辦理報到註冊手續。

8月6日　星期一

勞工組織與勞工福利研討會，由本校勞工研究所主辦，十時在國父思想教室舉行。

准哲三學生崔文華免學雜費（岡山鎮）。

奧利浦著「中國在馬尼拉」，由華僑研究所研究生譯出，列入華岡叢書。

8月7日　星期二

十二時在中國飯店歡宴陳樹柏夫婦。

韓國教育部高教司長吳聖植先生來訪，贈李朝實錄全套。

林建民贈味全叢書目標管理手冊。

中午宴請陳樹柏夫婦，其夫人為兒童專家，孫黔作陪。

吳聖植又贈 Son Pow-key, Kim Chol-choon, Hong Yi-sup, *The History of Korea*，請韓文組譯出。又 *Education in Korea, 1972*。

8月8日　星期三

辛永秀偕日籍大夫見訪，贈扇。

常會，沈之岳報告調查局業務。

羅香林贈傅秉常與近代中國，圖片甚多，登美哉中華。又興寧二十五家詩選。

李家源贈淵民之文一書。

8月9日　星期四

許玉田願在夜間部擔任專任副教授，教市場學。

前駐西班牙大使薛毓淇【薛毓麒】來訪。

謝鴻軒贈「近代名賢墨蹟二輯」。

台大李敏達，化工兼任，四十時，一部分時間做研究。

政大鄭堯拌，退休，教統計學。

中午宴請唐石霞（田曼詩、易大德陪）。

8 月 10 日　星期五

四時華岡興業公司會議，關世傑、滕詠延、修澤蘭報告。

十一時授予韓國文教部吳聖植榮譽哲士，並午宴。

馬來僑領楊亨顯（Henry Young）來談。吉隆坡人，電話 880553。

芮涵芝（國立編譯館自然科學組主任）來訪，芮逸夫之姪。

毛壽彭寄來台北水工試驗所研究試驗報告合訂本一冊。

鄭貞銘函今年新聞報導研習會各項優秀者，幾為華岡人所囊括。

吳宏淵之子吳慶誠，日間部，8.10 報名夜插班生，8.15 考試。

詹純鑑函，曾以個人名義函陽明山金局長仲原，希能將陽明山轄內林場委託本院森林系代為規劃管理，作研究及實習之用。

8 月 11 日　星期六

華岡中學招生情形，報名高一 117 名，轉學生 27 名，合計 144 名。

編「我愛華岡」紀念冊，請柯淑齡女士整理。

華岡宿舍三座動工。

大倫館、大雅館未完工程動工。

國大代表盧學禮（山西榮河）介紹康乃爾大學農學碩士郭敏學教書（農復會技正）。

地理系學生賀威蓬報告出席美國世界童子軍大會情形。

余蓀庭來函，稱吳乾樑已將侯中一邀請書寄來。

曾習賢准其開公司法一學程。

浙大同學鈕因邁（機械工程博士），西維京大學教授。

8月12日　星期日

起草華林新社區十大優點，及新長安與三十坊（區）計畫。

寫華岡理想第二冊序。

台大徐先堯來訪，提其姪女華岡青年徐麗雪君事。

七時赴紅寶石酒店晚餐，商合作事。

華岡銀行決定改組，柯綉珠調職，明日移交。

田寶岱自阿剌伯寄來阿拉伯之史地國情等書刊目錄。

閻振瀛來書，已獲博士學位，擬再做研究工作一年，明年返國。

越南西貢僑領鍾裕光介紹僑生求學。

8月13日　星期一

華岡美術工藝中心今日成立，並午餐，方廷杰

主持。

　　林崇墉自美歸,贈電動熱水袋。

　　十一時財務會議,朱慶堂來參加。

　　吳相湘來函,報告在東京參觀東洋文庫,並晤東大教授衛藤瀋吉、一橋大教授市古宙三(文庫近代中國研究會主席)。

　　函謝陳受頤教授贈英美歷史書約二百餘冊,及1965 年號「亞洲研究」季刊前十餘年者。

　　函謝嚴家雄代運陳氏書。

　　函魏德邁,寄國父地略學一文。

8 月 14 日　星期二

　　撰大恩館落成記。

　　宋晞返國,報告巴黎東方學會及訪美情形。

　　陳祚龍寄來東方學會圖片。

　　中午宴請徐道鄰等。李敏達、鄭堯拌(化學、統計)。廈門街 99/12/ 鄰之 5。

　　地理系學生賀威蓬代表本校羅浮童子軍出席美國青年童子軍大露營,來函報告。

8 月 15 日　星期三

　　常會,楊西崑報告訪問非洲與美國經過。

　　文化工作會贈「民族大義的中心磁極」一書。

8 月 16 日　星期四

　　十一時密蘇里大學校長見訪。

國際工業精神文化促進會中華民國總會會長汪竹一推薦（台北縣泰山鄉貴子村致遠新村五十五號之一，408026）。

8月17日　星期五

十一時星五會報，合作、勞工等系所。

晚六時宴請王濟遠、林崇墉、林衡立等。

8月18日　星期六

撰述華學正宗百部叢書出版計劃。

中午十二時半歡宴韓國金斗憲博士。

總政治部第二廳廳長楊汝舟博士來見。

張錦松自韓國回，贈書刊，聘為夜間部經濟系農業經濟系主任。

陳如一贈「訓導手冊」。

王成聖贈「六十年來之中國」。

約見謝力中，告以只擔任夜間部應用數學系主任。

魏總經理宗鐸

余副總經理建寅

王經理志道（國外部）

鄭副經理世松

陳襄理崑永

朱慶堂

謝雲

陳繼旺

陳處長（祕書處）

8 月 19 日　星期日

胡品清來函，宇宙學府講題定為 Chinese Poetry, Classical and Modern。

闞家蓂來函：「地理系有一學生賀威蓬來此參加美國童軍大露營，為聯隊長，凡事領先，表現極佳。」

閱高渠「萬世師表」電視劇本，摘錄予之孔子新傳，甚佳。

段昌國來見，已聘為「華學月刊」編輯。

8 月 20 日　星期一

十一時財務會議，劉炳吉代理華岡銀行董事長。

請王銘勛、尹德壽分別擔任華岡觀光餐廳董事長與總經理。

華岡學報第七期出版。

8 月 21 日　星期二

起草華學正宗百部叢書目錄與第一期出書計劃。

金榮華回國擔任文藝組主任。

王藹芬來訪，為段茂瀾擔任法文組主任事。

鏡湖回夏威夷大學。

高崇雲回國參加青年建設研究會。

8 月 22 日　星期三

童世綱、楊日旭來訪。

常會，李荷報告黨務訪問。

詹秀穎被派至紐約擔任副領事。

策劃大忠館餐廳與華岡書城。

8月23日　星期四

授予韓國孫元一將軍名譽哲士，韓大使金桂元參加。

鍾梅音贈旅人的故事。

洪東興來訪，決定城區部冷氣機分兩期付，計四百餘萬元。

黎晉偉寄來論君子政治一文，載文藝復興。

寄還王濟遠英文稿二篇，其一已請羅茂彬譯出。

孫元一友人陳鳳超任職復興航運公司，中大畢業。

8月24日　星期五

贈授美國霍恩教授名譽哲士，參加者查良鑑、梅可望、關世傑等。霍氏贈書 *Challenge and Perspective in Higher Education*, by Francis H. Horn。

李道顯昨日通過國家博士學位，今日偕陳品卿來。陳之博士論文為尚書鄭氏學。

四時學術院會議，通過華學正宗百部叢書計畫。

孫多慈來書，擬上山休養，住大忠館貴賓室。

張步仁自雅典來函，詳述暑期教育情形。

8月25日　星期六

楊錫福來函，希望開市場學一課。

潘廉方自密歇根大學來函，任該校自然資源學院訪問教授。

林茂松自東京大學東洋文化研究所來函。

劉建章（甘肅臨洮人，政大碩士）來訪，擬考博士班。

吳嵩慶寄來唐榮公司六十年、唐榮公司統計要覽。

羅才榮寄來「我想你回來」一冊。

畫家沈耀初來訪，未遇。中興新村光榮東路 33。

8 月 26 日　星期日

吳敬基來訪，談華林土地合作有關事項，及吳金川作華岡銀行事。

田曼詩來訪，談崔德新大使願為本校效勞，向德國接洽貸款事宜。崔德新贈 *Panmunjom and After*，板門店與其後一書。

張曼濤贈思想、宗教、信仰，又其妻施素鶯贈禪與悟一書。

閱徐聖謨「六十年度地圖工作概況與下年度工作計劃報告」。

8 月 27 日　星期一

授予中野與之助（Yonosuke Nakano）名譽哲士學位。

8 月 28 日　星期二

吳敬基陪同中央黨部舊同人談華林社區開發問題，中午餐敘。

財務會議提出貸款使用計劃，請陳繼旺帶交朱慶堂。

馬孝駿定九月三日返美，十二月返校。

8月29日　星期三

常會，李國鼎報告越南近況，陳裕清報告美國黨務。

准營養組主任李炳恩辭職，尹德壽繼任。

李紹盛贈華盛頓會議之中國問題。

陳榮建贈「戰國道家」單行本。

樂恕人自東京來函應聘。

關世傑交來「台灣金瓜石水南洞灣海底金屬砂礦探勘及分析研究報告」——台灣金屬礦業公司委託本校海洋研究系研究（五月十七日至八月十六日）。海底砂礦經探勘分析結果，約含金伍佰公斤，銀一萬三千公斤，銅二千二百公噸，初步估算約值新台幣三億餘元。此地海域開採經研究較陸上為經濟，中外礦冶專家均甚注意。

8月30日　星期四

中午請製圖室同人吃飯。

朱慶堂見訪，催貸款使用與還本付息辦法。

下午三時半臨時財務會議，新生入學決定延至十月十一日。

香港黎嘉潮撰亞洲華僑經濟一書，請余作序，無暇卻之。

准家政系營養組主任李炳恩辭職，尹德壽代理。

翁之鏞去世，擬在中正圖書館內設序東堂以資紀念。

王省吾曾赴大陸訪問，晤見竺師、黃秉維、施亞風、陳述彭，趙松喬在青島，徐規在浙大，上海晤譚其驤（自澳洲來函）。

8 月 31 日　星期五

星五餐敘。梁繼文、鄭學政、錢懷源、周瑞燉、譚天錫、戴運軌、李興才、陳善鳴、朱志耀、宋光梁、孫黔、張海清。

晚宴吳金川，朱慶堂、林崇墉，吳敬基做陪。聘為華岡銀行總經理，朱任董事長。

赴藝術館聽華岡交響樂團演奏，賀包克多教授成功。

四時評議會通過議案四件，講師、助教加薪，組織華岡食品、服務兩公司。

郝文生夫婦偕高棪來訪。

王文山寄英文本太極拳一書。

9月1日　星期六

大學部新生提前于今日註冊，但因宿舍建築延期一月又十天註冊。

赴榮民醫院祝宋越倫瘥（十二指腸潰瘍與膽石病併發），下星期二施行手術。研究所請謝銘仁代理，東語系請朱元、謝銘仁協同負責。

東京教育大學地理學教授高野史男（Fumio Takano）博士來訪。

教務處人事因五專考試事予以調整。

實習銀行原任總經理柯綉珠准其辭職。

段昌國到職，任華學月刊主編。

劉紹唐贈其所編民國大事日誌一書。

大學正式上課起訖日期核定
本報訊

教育部為配合大專學生集訓時間，並兼顧學生上課，業已核定六十二學年度各公私立大學及獨立學院正式上課起訖日期：

第一學期自六十二年九月廿一日註冊上課，六十三年元月廿八日學期結束，第二學期自六十三年二月十三日註冊上課，六月廿八日學期結束。各校一年級新生因參加暑期集訓第一學期註冊上課時間為六十二年十月一日，由各校行事曆自行訂定報部，惟每學期實際上課時間以滿十八週為原則。

本報訊

　　本年度大學院校夜間部聯招，定七月三十一日起至八月三日止，為報名日期，八月十一日至十二日，分北、中、南三區舉行學科考試，八月三十一日、九月一日放榜。

9 月 2 日　星期日

　　看六十一年度工作檢討報告，並著手起草「三大願望」一文。

　　黃延星偕其女來辭行。輸出冷凍豬肉，已達每月一千五百頭，計六十噸，年值五千萬元。

　　陳宏時談榮民宿舍舊料已改建為花房，可謂廢物利用。

　　准音樂系三年級生蘇春鋒緩繳學籍。

　　戲劇系教授劉藝自英來函，報告愛丁堡國際影展。

　　潘重規自港來函，謂受巴黎大學中文系之聘，助其開創中文博士班，須俟下學期到校教課。

　　美術工藝公司一部分廠主（出口陶瓷與琉璃瓦）由曾習賢帶領來訪。

　　王生善陪同其公子與新婚後妻子來見。

9 月 3 日　星期一

　　張振玉來函，仍願在英文系以外教英文。

　　省文獻會贈廖漢臣「台灣的年節」一書。

　　社會工作系講師汪志冀寄來報告，述及該系同學廿六人在台東縣舉辦貧民複查工作，復函嘉慰。

任泰來訪，願以華岡教授待遇，于兩年內寫成英文本中國文學史一書。

張積祥報告參加三民主義教學講習會情形。

第一屆畢業研究生陳家驊現任律師，求事。

十一時財務會議，尹德壽報告統一餐廳辦法。

9月4日　星期二

臺灣水彩畫會巡迴展與水墨畫物展在華岡博物館開幕。

林遊星夜間部畢業，本校法學碩士（三重市三陽路134巷12號之一）。

曾堉來訪，擬聘為華岡畫院主任。

教務處人事局部調動，傅兆寬調註冊處主任。

淡水中學趙仁和校長來函，願聘校友賴沼妹為教員（原在里仁文庫服務）。

化工系新主任陳善鳴薦鮑敏章任教。

第一期畢業陳家驊來訪。

9月5日　星期三

常會，嚴副總統報告中南美經過，通過台北市議員候選人人選。

教務處決定改組。

郭榮趙贈「美蘇在華權力鬥爭和國共戰時談判」。

曾堉來訪，擬聘為華岡畫院主任。

徐詠平贈陳布雷先生傳。

何高憶【何高億】文集出版。

9 月 6 日　星期四

本校畢業生台南謝明憲來訪，擬組華岡貿易公司台
南分公司。豪元貿易公司業務經理，台南市進學街十八
巷八號。

梁宜玲主任陪同吳明秀、郭心穎來訪。吳任服飾進
修班主任，郭任華岡服飾公司總經理。

第四次歷史地圖會議，余致辭。分四冊：一、歷代
總圖；二、分省地圖；三、人文地圖；四、都市地圖。

9 月 7 日　星期五

翁序東開年年七十三，子寧，本校畢業，輓「當代
砥學」四字。

電賀紐約聖若望大學，祝賀中山堂落成典禮紀念。

勞工研究所第一屆畢業生林建男君聘為華岡學會
幹事。

六時請中國銀行總經理魏宗鐸晚餐，陪客謝雲、朱
慶堂等，談對美貸款事有困難。

興業會報月報，提建築與國際貿易二中心招考職
員事。

9 月 8 日　星期六

訪黎晉偉于第一飯店，未遇。

國大代表劉今程來訪。渠為中小企業聯合會會長，
談中韓合作事。

薛光前寄來中山堂落成圖片。

寫知難行易與研究發明一文。

張秉鐸赴哈佛大學留學，囑為介紹于楊蓮生。

酈效坤來談，聘為華岡興業副董事長。

政治學研究會成立，理事黃貴美、蔡漢賢等七人，傑出校友吳岱勳、林享能、蔡沐紫。

9月9日　星期日

上午八時六分陳大慶公祭。

行政院電腦中心李克昌來訪。

起草中德企業合作文件。

起草華岡食品公司章程。

起草華林出口加工區計劃。

9月10日　星期一

（第一學期九月十日註冊）大學部正式上課。

大忠餐廳經尹德壽積極籌備，于今日假大恩館開辦。

十一時財務會議，決議講師、助教加薪事宜。

立委黃宗焜來訪，為其女就學事。

函劉廣凱，寄創造智慧一文，交三軍學術月刊發表。

徐哲萍贈其碩士論文「齊物論抉微」。

新生註冊　2,408

　已繳費　2,130

保留學籍　186

舊生註冊　5,700

9 月 11 日　星期二

中秋節。

安密邇報告華學中心近況。

李殿魁報告大學字典出版情形,將以售款收入派往巴黎大學留學。

赴榮民醫院祝宋越倫先生癒,上星期二開刀已割去膽囊。

宋越倫介紹麓孝葆來校講學。

甬人葉霓仙後人(人驥)贈霓仙遺稿,有馮君木序,張原煒題辭。台灣銀行嵇惠民寄來。

函韓國崔德新,促其介紹德國企業家投資華岡。

閱俞筱鈞博士本校心理衛生中心簡介。

9 月 12 日　星期三

常會,谷正綱、趙聚鈺報告。

管傳琛來談與外交部合作出版英文中國文化叢刊事宜。

馬雷娜來函,復請其夫榮智江返國一行,商國際藝術活動合作事宜。

遠東百貨公司開發部經理林權聖來訪,談大忠館商場合作事。華年學苑董事長陳韻光女士(新竹人)同來,服裝部門。

9 月 13 日　星期四

中廣公司劉若熙女士偕沙巴僑生李元發,願在校旁聽。

張步仁自希臘來信，備述在薩隆尼亞大學暑期受訓情形，愛校熱誠，殊可嘉慰。

閱周策縱「說尤與蚩尤」（中國文學第四八期，台大中文系）。

邵祖恭寄來文藝組教材「文選」一冊。

馮文質自加拿大滿地可來函，交導報發表。

謝覺民自匹慈堡大學來函。

方子衛自舊金山寶華貿易公司來函，謂僑領黎啟璇先生對我欽佩。

楊宗元自巴西來函，謂聖保羅大學願與我校合作。

9月14日　星期五

下午四時出席會議月席。

晨朱慶堂來談，對美貸款擬改為投資方式，如此更好。

張興唐兄任晉至五代之正史整理新刊之主編工作。

徐毅來函，任夜間部國際貿易系經濟學一課。

中國銀行總經理魏宗鐸來函，解釋向美貸款情形。

高渠來函，廣告研究所擬出版廣告學報。

與李殿魁談話，擬派其赴法國深造。

擬派安密邇、潘維和、劉炳吉，王葆生四位赴美國洛杉磯成立華學中心。

9月15日　星期六

巴西回國張曾廬先生陪同其女來校旁聽。

聘曾增為研士及兼任教授，教夜間部家政系美術

概論。

　　何高憶【何高億】夫人杜葆樹來訪，何高憶【何高億】文集已出版。

　　羅光總主教介紹修女二人來校旁聽。

　　趙永植來函，為編纂世界大學一書索取本校資料。

　　馬孝駿來函，李泰祥將於本月底來校任教小提琴。

　　張紹載先生擬具華岡建築研究中心計劃。

　　康南海之孫康保廷贈南海詩稿。

9 月 16 日　星期日

　　十二時僑賓堂華岡學會座談會。

　　撰述「華岡學會之組織與貢獻」一文。

　　撰述「復興東亞、恢張新局」一文，十月一日日本議員訪華團，代表國大致歡迎辭。

9 月 17 日　星期一

　　十一時財務會報，簽發致美友貸款書。

　　中央圖書館館長諸家駿來訪，面致顧問聘書。

　　羅茂彬譯好華岡簡介英文稿，送酈耀坤修正。

　　張維翰先生自海外歸來，贈漆盒與田園都市一書。

　　聘吳金川為華岡銀行總經理，蔡錫鉊為副總經理。

　　立委王純碧介紹田南萍女士。

　　羅光介紹林麗卿（聖家獻女傳教修會會長）來訪。

9 月 18 日　星期二

　　與馬來西亞華僑談體育館與公園建設事。

袁金書長中央圖書館台灣分館四年，即將退休。

陳國寧自日韓考察回來，贈我敦煌壁畫佛像圖研究。

中午請華南大飯店副經理王明順吃餐，談觀光公司合作事宜。

9月19日　星期三

常會，羅友倫報告特種黨部情形。

中午在中國大飯店宴請黎晉偉、方子衛。

擬派安密邇、潘維和、劉炳吉，王葆生四位赴美建立華學中心。

撰大學字典序。

擬派李殿魁赴法研究。

何高憶【何高億】夫人杜葆田【杜葆樹】來訪，購高憶文集【何高億文集】新台幣一萬元。

9月20日　星期四

寄慶熙大學趙校長英文本本校簡況。

CAT 總經理王文山來訪，贈佛教歌曲。

楊懷東來談大倫館宿舍工程。

王以唐繪我大慧館女生宿舍圖。

美術系第二屆校友在美西雅圖舉行畫展與演講。

江西李靖寰來函，談宋子文先生在美遺產事。

黃裕城來信。夜間部華岡青年，長春路興雅國民小學總務主任。

9 月 21 日　星期五

楊遠雄來訪，談百貨商店與超級市場合作事宜。

撰華岡研究生活一文。

准鄭向恒辭註冊組主任職。

本校化工系教師留美陶瓷工程碩士偕其妻來見（鮑敏章）。

劉真贈師道一書，請其託人撰書評。

復蕭滋信，說明華岡教授。

魏德邁來函，讀余著作後之感想。

華實自東京來信，提及本校設三個學群事（屏東農專教授）。

9 月 22 日　星期六

下午四時鄭焯嬋來訪，談赴港向其叔公募捐事。

上午九時十屆四中全會議題第二研究組第一次會議，本黨對現階段黨的建設與奮鬥之提示草案（自由地區部份）。

李德高送來「國外教育考察報告」。

加拿大韓麗儀女士寄來「中山先生哲學思想」，云十一月中加文化協會在台北開會。

薛光前寄來亞洲研究中心工作報告及中山堂成立圖片。

魏德邁將軍來信，謂讀我書讀到早晨兩三小時。

黃國華來函，謂政研所七屆王啟槐係中山獎學金生，來林大進修，月底將返國服務。

鄭焯嬋女士來談。

華岡應曉峯先生宴

　　景物依稀曉日開，登蹈重上舊樓台；

　　樽前深感隆情意，兩載睽違喜再來。

9月23日　星期日

　　九時對夜間部新生講話（大忠館），到九百多人。

　　讀李德高（夜間部推廣部副主任）考察美國教育報告。

　　華南大飯店總經理王明順晚宴，談華岡文化觀光公司事宜。Hotel Insular。王氏為關島名譽大使。

出席：周董事長白東，永祥仁樹，和光工藝公司，成都
　　　　路 45，49-2，劍道五段。

　　　　唐董事長。

　　　　林副總經理遠東。

　　　　林經理炳燭，客房部助理，華泰大飯店（Gloria
　　　　Hotel），林森北路 369。

　　　　孫經理。

　　　　張紹載，桂昌世。

　　　　華南董事長為陳振華，北投區幽雅路 30。

9月24日　星期一

　　十一時財務會談，付城區部空氣調節器第一次款。

　　四時巡視大忠館，決定全部交文化觀光公司經營。

　　陳樹柏贈電機學教本一冊（Santa Clara 大學教授）。

　　華岡理想第二冊出版。

　　麓孝保贈所著寒泉小原台詩文抄，及明治天皇侍講

元田東野先生年老逢春吟。

9 月 25 日　　星期二

慶歷大學【慶熙大學】尹永春院長訪華五天。

上午九時半中山堂堡壘廳，初步研商與日本訪華議員座談有關事宜。

蕭師毅自西德來函（九月十八日），附德語華學書籍單四紙。

中華航空公司來函，對陳效仁自美攜回器械，允以四分之一收費。

加拿大胡韓麗儀寄來「國父哲學思想」一冊交王冠青書。

黃國華來函，王啟槐（政研所七屆，原服務中三組，中山獎學金，來林大進修）。

上午九時國大座談會，討論接待日本議員訪華團事宜。

王珊楓自巴黎返國，報告在法留學情形。

9 月 26 日　　星期三

麓葆孝上午十一時十分抵達台北，來本校講學，講題為「日本儒之流傳」。六時晚宴。

郭長揚當選為十大傑出青年。

常會，錢劍秋報告婦女工作，林金生報告農會。

大成館營造商葉仁和在山仔后有地 360 坪，擬加處理。

呂秋文自美國來函，謂黎耀華在洛杉磯市政府

任職。

下午三時國大小組開會，商接待日議員事。陳建中、杭立武、劉金程、張伯謹。

9月27日　星期四

韓國清州女子大學今日宣佈與本校結為姊妹學校。尹永春贈予學位儀式。

楊家鑒化學系講師，受陳善鳴之託，任系務執行代理人。

張聘三來函，年七十，退休。

尹永春贈書，十九世紀東西文學（英美文學與東北亞文學之關係）、蔣總統傳（尹永春譯，世界大回顧錄全集 11，董顯光著）、其子尹亨桂唱片。

9月28日　星期五

下午一時三十分，華視萬世師表節目撥出。

教師節，僑生韓國朱若弟來晤，經三、貿三全體同學，又施長要（視聽教育館）。

十時半舉行序東堂成立典禮，羅佩秋、林崇墉、張則堯相繼致辭。

十一時舉行學明堂成立典禮，李文齋、方東美、許逖致辭，徐毅答辭。十二時在僑賓堂宴請來賓。

林茂松在東京大學研究，回國一行。

劉泗英、錢台為來訪，談大藏經編纂會事。

密大交換生 David Polhemus 住菲華樓。

9 月 29 日　星期六

九時五分孫哲生先生公祭。

9 月 30 日　星期日

起草「樂哉華岡」一文。

10月1日　星期一

一年級新生十月一日開始註冊。

下午四時招待日本議員訪問團，國民大會組（分三組）推余為主席，八時在國賓晚宴。

李石曾先生去世。

十一時財務會談，吳金川已聘定華岡銀行經理。

夜間部

大學部　3,703

選讀生　　713

推廣部　　349

　　　　4,765

各專修班次第開班，城區總人數約五千人，外籍師生 45。

10月2日　星期二

呂秋文自美返台。

吳相湘自美返台，來詳談在美學人情形，並交下文件送美哉中華發表。

蔡讚雄偕基隆地主協商華濱校區購置事宜。

吳靜贈送英文醫學書籍一冊。

起草建築中心與國際貿易中心演講辭。

五時日本議員訪問團在希爾頓旅社酒會，與灘尾弘吉談話。

10月3日　星期三

常會，陳裕清報告旅美視察情況，錢復報告旅歐視

察情況。

常會通過楊亮功任考試院院長，劉季洪副院長。

十一時赴飛機場送日本訪問團。

韓建國大學郭鍾元薦講師金鉉龍君進博士班（本校饒燕娟女士在該校）。

本校德文研究所一屆畢業王泰男，高雄，留美學醫。妻美籍，史學博士，Sally A. Wang。住石牌文林北路 272 巷 13 號樓 2。

10 月 4 日　星期四

蕭師毅自德返校。

九時大學部新生訓練，題為三顧華岡。

十一時研究生新生第一批談話。博士班，政治所。

朱慶堂上山談對美借款事。

張紹載、陳繼煌談研究中心事。

復馬孝駿信，彼十二月份回來。

劉紹唐以書展名義赴歐美。

田尚清（日華親善協會全國連合會常任理事）擬贈我校楓七百株、櫻三百株。

10 月 5 日　星期五

岡野夫婦電賀雙十節。

四時評議會，決議：（1）交換學生辦法；（2）職員任用辦法。

周大為偕王振祖來訪。

孫多慈偕吳承燕來訪。

蕭師毅談世界文化研究所事。

陳宏時薦其舅父為會計。

孫嘉林來訪，為其妹進夜間部為選讀生事。

田曼詩應玄光大學請赴韓畫展。

10月6日　星期六

下午四時半宇宙學府號接待會，本人致辭。

下午三時孟昭彝、林朝棨、梁繼文來訪。

教務處註冊組由吳惠純接掌。韓文五屆，留韓碩士。

九時十屆四中全會第二研究組第二次會議（第二次稿）。

龔弘陪同香港邵氏公司邵仁枚夫婦來訪。

新聞系大眾傳播學論集第一集出版，祝謝然之六十壽。

孫振埜女士回國，住顧孟餘夫人家。

閻振瀛來函，可能年底回國。

譚學波（哲學碩士，馬來亞華僑）來談發展留日事。

10月7日　星期日

樂哉華岡由鄺耀坤譯為英文。

Albertus Magnus College（New Haven, Conn.）校長 Francis H. Horn 來函致謝贈授名譽哲士。

李瑄根七十壽，寄「東方文化之瑰寶」題字以贈之。

釜山韓星女子大學金槿濟就任韓中日報社長，將率三十人訪問團慶賀國慶。

陳祚龍寄來「敦煌卷冊可貴之一斑」、「敦煌古鈔碑銘五種」。

許玉田來訪（對外貿易發展協會貿易資料處處長。中山北路一段 85 號一樓，585826）。

桂昌世來談觀光公司計畫。

10 月 8 日　星期一

起草華林新社區計畫綱要。

十一時財務會報，籌畫十月份財務。

黃光表贈氣象學一書。

方子衛赴美，來辭行。

滕詠延發表華林種兔場經營計劃綱要。

捐贈葉公超針灸基金會新台幣貳萬元。

劉伯驥來台，贈送另一批書籍。

圖書館擬成立心洽堂，函費驊徵集書籍。

10 月 9 日　星期二

本校教職員三十人、學生一百七十人參觀宇宙號學府。

德國薛文德博士來函，提及陳必先、周漢蓉。

十一時與一部分系主任談話，討論十一月十一日二十一個系慶事。

灘尾弘吉贈蔣總統繡像。

修訂中華大藏經會，推劉泗英為首席常務理事。

託黃貴美補助漁二學生黃明吉醫鼻病事。

王秀南自新嘉坡來台。

方有恒君來訪，英文系教翻譯。杭州市，51，敦化南路 351/5/11/ 之 1。郵局主秘，聯合報編譯組副主任。

10 月 10 日　星期三

國慶日，雨。

起草民國三十八年迄今反共復國一文。

甘露澤自加拿大多倫多大學來函，囑寄美哉中華。

「力行創造智慧」一文在中華日報發表。

李紹盛寄來剪報載劉英柏文，述余與立夫先生相同五點。

韓國教育評論社社長許一萬由朴斗福陪同來見。

10 月 11 日　星期四

馮文質自英美考察回國，擬聘為業務考核主任。

十一時研究生第二批談話。

觀光公司董事長王名馴來談。

盛東煬（沙奉）來訪，費博土木建築工程師樓香港分所，工程策劃事（Surveyor），Faber, Civil of Cons-Enqrs., 4 Hennessy Road。

10 月 12 日　星期五

新光人壽保險公司吳火獅來談華林新社區合作事。寶慶路三十四號，313456。代表徐仁傑，該公司營建

部，住民生東路 781/4/18-2。

王銘勛介紹本校校友孫武彥講師為觀光公司主任祕書。在夏威夷進修，專攻遊設施，任夏威夷大飯店總經理。

李麐（健士）（James L. Lee）住金山街 103 巷 14 號，有意與華林區合作。公司長安東路一段 25 號三樓，台大工學院副教授，美商威李工程顧問公司董事長，美國李麐國際公司總裁，Chairman VTN-Lee International; President, Lee Internation。

金金川介紹其姑丈李若晰為華岡銀行副總經理。北安路 501/15/29 之 1，T. 586317。鄭世璠同來（該行研究室，衡陽路六八號，371211-9）。

10 月 13 日　星期六

慧炬月刊社贈張澄基著佛學今詮上冊。

中午請王秀南、劉伯驥、司徒政、李德高、李麐吃飯。

林語堂來訪，談課程事。

10 月 14 日　星期日

【無記載】

10 月 15 日　星期一

中午建築、國貿二中心敘餐，余致辭勗勉，二中心各錄取五名。

華岡合唱團晚七時舉行演唱會，總幹事漁三，郭

延平。

10月16日　星期二

田曼詩教授攜來趙永植校長託帶禮物人參。

復東京賴秀雄書，渠已與防衛大學前島浩聯繫。

10月17日　星期三

九時常會，李國鼎、俞國華報告在非洲肯雅開會經過。

紐約中國新聞處出版美國研究中國問題通訊第四期。

共同科目系報告，目前轄三十餘科，日常工作分八項。

德文系辛達謨教授自歐美訪問三月回來，在德文系授德國文學史。

10月18日　星期四

十一時研究生談話會（海洋、勞工、華僑與民族）。

徐澤子來函，曾入台大醫院開刀，住院三周，在休養中。「中東大戰，證明尼克森、季辛吉對歷史及俄外交之失敗，並證明艾森豪、杜勒斯外交之正確。」

韋德懋來訪，約余出席廿九日總統祝壽會。

曹聖芬東邀其女志漪畫展。

劉英柏贈「校勘應用學」。

致書陳立夫，恢復華岡教授待遇。

10 月 19 日　星期五
　　中日佛教關係促進會，于十八日在松山寺舉行成立大會。
　　十二時請孝道團代表午膳，住王子大飯店。椎谷健（事務長）、四宮正音（布教部長）、安藤正晃（青年會幹事長）。
　　晚間宇野精一來訪。
　　故宮博物院管理委員會來會，議決慰堂恆聯院長。

10 月 20 日　星期六
　　為張純鷗文藝獎金宴請葉霞翟等，易大德作陪。
　　下午六時城區部舉行冷氣設備開工典禮。

10 月 21 日　星期日
　　中午請余蓀庭、吳乾樑在中國飯店吃飯。

10 月 22 日　星期一
　　十一時財務建築會報。
　　十二時請吳乾樑（自香港來談建築合作事），譚南光等作陪。

10 月 23 日　星期二
　　陳祚龍寄來廿九屆國際「東方學」學者會議諸感。

10 月 24 日　星期三
　　九時常會，討論電視改進事宜，徐亨報告奧會會

籍事。

六時倫偉良在大華飯店宴請吳乾樑。

十一時在歷史博物館參觀日本川端康成圖片展覽。

江樹生來函，日本天理大學派早坂正章教授為交換
副教授。

吳本中來函，擬在巴黎創辦私立巴黎中國文化學
院，惟籌款為難。

10 月 25 日　星期四

台灣光復節，第二十八屆。

十時黃克強先生百年誕辰紀念會在實踐堂開會，因
事未往，函振華女士致歉。

戴菁華偕濮之珏女士來訪，談在美教中文事。
Ellen Chin-Chiue Tung, New Jersey。

擬本校校務要項十二條。

吳炫三旅歐畫展。

10 月 26 日　星期五

請李君晰、王明順、劉師誠各調款四百萬元，共
一千二百萬元。

黎東方來談國際大學校長授予學位事。

漁二陳明香因病給予醫藥費一萬元。

函閻振瀛，歡迎其回校任華學中心主任。

馬孝駿來函，密蘇里大學音樂系將來華演出。

10 月 27 日　星期六

厚齋師之孫宏流與胡若蕙女士婚禮（六時），紅寶石二樓。

十二時宴請韓國金槿濟先生，韓中日報社長，王廣亞作陪。

監察院李世勳來函，請改為兼任教授。

10 月 28 日　星期日

黃玉齋（年七十一）寄「台灣史論文集」二冊，囑為序。

10 月 29 日　星期一

鮑雨林介紹廖鴻業先生來見，留日社會工作碩士。

天理大學派早坂正章來校任副教授，教日本史。

10 月 30 日　星期二

華岡書城在中央日報登半面廣告。

大忠餐廳與大夏餐廳合併辦理，由觀光公司王明順主辦。

旅日胡蘭成願來校教書，又小山奈奈子小姐同來（治日本文獻學）。

王文山自美國來函，報告美國營造商及資方將于十一月二十八日在舊金山開第二次會議，討論與本校合作事宜。

10月31日　星期三

總統華誕。

中央日報刊出余「反共復國的神聖大業」一文。

中華日報刊出「論光復大業」一文，連載四天。

中午副院長與美大使館文化參事萬邁談話。

11 月 1 日　星期四

石井光次郎來訪，九時半到，下午二時離此，宋越倫譯述，中午中國大飯店餐敘。

黃克強女公子振華立委來函道謝特刊與攝影。

馬孝駿來函，購買 Steinway 鋼琴需費美金一萬元。

蔡玉明女公子（大寶）結于洪海（新聞系同學）。

11 月 2 日　星期五

四時評議會，提案：

（1）創校目標十二項。

（2）日本華學中心設置辦法。

（3）雙十一慶典小組。

宋越倫反對聘請胡蘭成。

潘維和報告，城區部自冷氣開工儲蓄共計 306 萬元。

何金鑄設計華岡大道（本校正門）圖。

周天翔寄來國際廣播學會塞島年會紀要。

11 月 3 日至 4 日　星期六至日

【無記載】

11 月 5 日　星期一

下午三時常會，請假。

11 月 6 日　星期二

【無記載】

11月7日　星期三

美普蘭諾大學董事長法學家摩理斯博士（Robert Morris），由黎東方陪同來訪。

11月8日　星期四

【無記載】

11月9日　星期五

下午四時舉行興業基金會報。

國大代表李安寄來湯陰縣文王羑里遺蹟圖。

廣東文獻委員會寄來高要縣志上下冊。

11月10日　星期六

下午四時校史館開幕，本人致辭。

六時華岡學會總會成立晚會。

11月11日　星期日

第一屆共同系慶日。

張興唐介紹馬來亞僑領張△△先生來訪。

中午在僑賓堂宴請一部分所系主任。

晚會在華風堂舉行，有國樂、舞蹈、平劇。

服黃民德所開中藥。

中華學術院韓國分會今日在漢城中國大飯館成立。

11月12日　星期一

全會開幕，余因鼻炎症請假。

參觀戲劇系與海洋系展覽，又兒童福利系贈兒童文學乖乖的故事。

周邦道贈歐陽漸著在家必讀內典。

大學字典出版，李殿魁、李道顯送來。

劉紹唐自哈佛大學來函。

七時華風堂音樂會，指揮包克多，極成功。

毛振翔自美來函，報告在紐約工作近況。

鄭焯嬋來訪，代世界桂冠詩人協會會長余松（Amado M. Yuzon）致意。

11 月 13 日　星期二

共同系慶展覽評分結果：經濟 584（五千元）、海洋 548（四千元）、戲劇 544（三千元）、家政 543（一千元）、兒福 541（一千元）、韓文 529（五百元）、地理 528（五百元）、海研 525（五百元）、印刷 522（五百元）。

11 月 14 日　星期三

李荔清醫師（婦產科）捐助兒童福利系基金三萬元，不願宣佈名字。忠孝東路三段 205 之一，下午在明華藥局。

11 月 15 日　星期四

第二屆世界詩人大會在大忠館欣賞舞蹈及服裝表演，七時四十分到達，八時開演。

十一時約見研究生（工學、研考）。

全會開幕，余重被任為常委（第八名）。

酒井忠夫致宋越倫先生書，成立東方文化研究協會。

約見教官趙廣暉，「華岡交響樂團演出聆後感」作者。

11 月 16 日　星期五

下午四時蔣院長約請常會同人談三事：1. 中美關係；2. 中泰關係；3. 石油問題。

全國大專院校圍棋賽，本校獲總冠軍。社長沈萬平。

11 月 17 日　星期六

華岡學會總會選舉黃貴美為會長。

出版月會對工作予以贊揚，對石文濟予以嘉許。

籌劃明年三月一日華岡博物館地圖展覽。

王吉林辭出版部總經理職務，蔡漢賢繼任。

11 月 18 日　星期日

海燕出院。

馮文質贈書「現代管理科學引介」。

章志民來見，求事。

11 月 19 日　星期一

宋越倫來訪，因病再入榮民醫院檢驗。

華岡銀行經理呂桂林就職（月薪六千），服務彰銀

四十三年。

十一時財務會報。

約見王銘勛，對觀光公司希繳儲蓄款伍佰萬元。

查良鑑來函，報告法律系考試佳訊。

11 月 20 日　星期二

訪宋越倫，晤章宗鈺會計師。

藝術館投資人游子文來見，談投資建築事。

宋晞來談關于考試院及學術審議會事。

對華岡博物館同人講「大學博物館之功能」。

11 月 21 日　星期三

常會，徐亨、潘振球報告，會後蔣院長報告季辛吉訪匪略況。

曹昇贈「玉洞玄經」（道家新著）。

董淵源（煤商）來訪，中國譜系學會常務理事。

11 月 22 日　星期四

三民主義百科全書第一冊民族主義編輯會議。

上午十時訓導處王吉林、蔡漢賢新舊交接。

毛壽彭先生寄來台大水土試驗所研究報告。

致函余蓀庭，促對吳君合作事早作決定。

函鄭貞銘，促其早日成立華岡大眾傳播公司。

函毛樹清，致謝寄青年戰士報特刊。

李正中寄贈共匪統戰陰謀小冊。

徐有守寄來王雲五先生與商務印書館一文。

11 月 23 日　星期五

十一時臨時財務會報，對美貸款案瀕臨成功。

實習銀行李君晰偕陳繼旺赴華僑人壽公司談合作事宜。

致函石井光次郎，寄照片四張。

韓克溫、韓經準（研究衛星）囑寫序，婉謝之。

蔣緯國先生請吃飯，婉謝之。

11 月 24 日　星期六

廣告研究所年會，余出席致辭。

參觀學生郵展，在圖書館舉行。

張炳楠來談向林衡道家屬捐款事，贈日本地方自治制度一冊。

與徐聖謨談圖展事。

西班牙聘陳立夫與林尹夫婦往訪。

閻振瀛來函，談科州大學與我合作事。

香港黃吹翼寄來「生與情與錢」小說一冊。

留德劉茂村寄來著作數種，中有龜茲一文。

11 月 25 日　星期日

張炳南來訪，談台灣研究所捐款事，並贈「省政綴言」二冊。

陳效仁來談應用化學研究所前途發展事。

地學研究所第一集出版，表示本校研究所的水準。

陳邁子贈蘭亭雅集一冊。陝西褒城人，夜間部兼任教授。

黃玉齋贈台灣史論文集稿本。

方子衛贈英文本中國歷史與人物，*China and Her Great Men*。

香港周士心（？）贈鋼琴曲。

11 月 26 日　星期一

陳祚龍寄來「巴黎華學研究所」一文，登華學月刊。

唐君毅先生寄來「中國哲學原論」第一、二冊。

撰興學與興業──建立華岡企業發展研究所──給華岡第一屆傑出校友一封公開信。

英語系第五屆畢業生蘇祖生捐款萬元。

山田勝美寄來其所監修「漢字解說字典」（井上勇著）。

11 月 27 日　星期二

郭長揚回國，接任華岡學會幹事長。

日華謝德報恩會會長繩野源吾來訪。

陳之藩自休士敦捐款新台幣一萬元給本校宗教中心。

羅錦堂寄來悼佟先生文，登創新。

11 月 28 日　星期三

美國營造商與資方擬于今日在舊金山開第二次會議，討論與本校合作事宜。

十時常會，余對中山大學事有所發言。

蔣慰堂贈「劉賓客文集」影印宋本一部。

夏威夷大學東亞語文系來函，申謝該系學生今夏在華岡受訓。羅錦堂在該系任教。

11 月 29 日　星期四

定治中係民國四十三年余任典試委員長，經濟行政人員錄取者。係服務于僑委會，承辦華僑回國投資業務。撰「美哉華岡」刊予僑資會訊。

香港周書紳教授出版歐洲第一本中國人作曲之琴譜。

許建吾囑為其全集作序，婉卻之。

應用化學研究所學生來見，擬成立附屬工廠。

11 月 30 日　星期五

十時中華學術院授予印度馬哈丁辛（Mahatim Singh）名譽哲士。

四時華岡興業基金會改組後第一次業務會議，應用化學研究所附屬工廠組織概況備查，滕詠延提出華林植物園計劃草案。

韓國建國大學校長函邀赴韓一遊，婉卻之。

謝鴻軒贈「駢文衡論」三冊，冠以余序，廣文書局出版。

蔡漢賢贈「社區志願服務」小冊，社區發展訓練叢書之十四。

許聞淵贈「越泰紀行」一文。

12 月 1 日　星期六

市議員選舉日。

參觀吳承硯畫展。

訪黎東方教授，聘其為美國百科全書主編之一，並任計劃中美國研究所所長。

鄭貞銘贈美國見聞錄一書。

孫振堃介紹地質學專家李清才，62，江西安福，帝大地質系，明大採礦系。新公園 40 號之 4，鎢礦、煤伕，台糖工程師六年。

周應龍贈「開放的社會與關閉的社會」，曾得中山獎金者。

12 月 2 日　星期日

上午十一時正，僑賓堂舉行傑出校友返校餐敘。

擬華岡在起飛中文稿。

12 月 3 日　星期一

沈之岳局長來本校紀念周演講。

十一時第一次興業會報。

張紹載介紹倪邦寧建築師（大邦，松江路 32-1 號，大德大樓 4 樓），並視察華岡車站地址。

召集公共關係室同人談話，高輝陽接任新主任。

約見國劇社社長嚴萬輝。

新竹省女中教師陶秀良將偕其夫李清才來訪。

12月4日　星期二

戲劇科六十年度畢業之嚴志強來訪。寶清路 101 巷 14 號。

美國露西安那州王德碩先生（閻主任介紹）來函，願促進中美貿易。（Charles T. Wang, Oriental Mart, 11236 Florida Blvd., Baton Rouge, LA 70815）

張立齋來訪，談齊白石、溥心畬遺作。

連戰贈書 *Taiwan in Modern Times*，聖若望叢書。

復謝新竹許楊金涼女士捐贈兒童福利系基金三萬元（新竹市中華路 568）。

12月5日　星期三

下午七時蔣緯國請客，南京東路二段 53 再保大樓。

朱慶堂自香港回台，繼續進行美國貸款。

九時常會，李煥報告第二屆市議員選舉，孫運璿報告阿剌伯與約旦之行。

教育部派督學三人鍾健、齊沛林、周作民來視察。

礦學家李清才來訪。

香港容劍斌囑向谷正綱推薦為調景嶺中學校長（詩人）。

黃友棣寄來在寓中所攝之合照。

與張岳軍先生詳談劉毓棠來華岡任職事。

12月6日　星期四

十二時半，蔣慰堂宴請薛光前于故宮博物院，同席者于樞機、陳立夫夫婦、吳經熊夫婦、羅光、秦孝儀、

高化臣、吳樹德夫人。

飯後與光前長談，五時離華岡。

12 月 7 日　星期五

四時評議會，宣讀「六十三年度華岡建設十二要領」。

函蔣緯國，陳述對「國防體制」一書之意見。

侯暢贈「中國考銓制度」一書。

美國西維京尼州王育三關切本校校務。

12 月 8 日　星期六

十一時地圖會議。

十二時宴請韓國崔德新將軍。

八時半祭張維翰夫人。

函趙永植，婉辭赴韓訪問。

黨史會贈「革命人物誌」第十一集。

12 月 9 日　星期日

清晨吳敬基、朱慶堂來訪，談美貸款事。

淡江史學系學生林敏明、陳詒謀代表三人行出版社贈翻印本中國歷史地圖。成本十二萬，預約了 500 部，每部二百元。

函復日華謝德報恩會繩野源吉會長，有關建觀音佛像事。

12月10日　星期一
【無記載】

12月11日　星期二
劉光藜女士寄來芬資獎學金四萬元。

12月12日　星期三
常會，謝東閔報告台灣省政。

下午三時對本校班代表聯席會議講「百藝振興，一舉四得」。

12月13日　星期四
【無記載】

12月14日　星期五
十一時實習銀行會報，通過組織要點。

下午四時興業月報。

12月15日　星期六
韓國李瑄根博士來華訪問。

南洋許雲樵贈「文心雕龍」一書。

主計室新舊任劉炳吉、吳永猛移交。

十一時三民主義百科全書第一冊主義篇會議。

吳怡贈「哲學的三大柱石」。

12 月 16 日　星期日

吳敬基、朱慶堂來訪，談夜間部校務與美貸款事。

考察城區部，吳敬基主任依本校副院長待遇支薪。

日本京都妙心寺方丈梶浦逸外贈櫻五百株、楓一千株。

胡崇賢贈攝影選集。

陳質平宴，青山路七十九號。

函許聞淵，請其代借楊幼炯生平圖片。

全球董楊宗親總會紀念特刊，董淵源贈。

12 月 17 日　星期一

李瑄根下午四時廿五分抵台北。

戲劇科學生歐陽珍（徐淑君）來談。

庫貝克教授贈「如何失了遠東」一書。*How the Far East was Lost*，美國達拉斯大學。

12 月 18 日　星期二

日本大東文化大學校長金子昇授予名譽哲士典禮，並午宴。

赴飛機場迎接嶺南大學校長李瑄根博士。

12 月 19 日　星期三

晚六時宴李瑄根博士，以大學章見訪，同至六福客棧，談至十時半。

上午九時常會，余主席，谷正綱、徐晴嵐報告。

中午請譚學波夫婦便餐。

12月20日　星期四

吳敬基見訪，談與邵學錕談話經過。

12月21日　星期五

李瑄根中午十一點廿五分離台北。

各社團舉行績效展覽。

12月22日　星期六

周道濟來談，擬派其赴英留學。

姚懿民贈東亞氣候地圖集。

陳之藩來訪，中午請其餐敘。

音樂系舉行交響樂演奏，未參加。

12月23日　星期日

中華藥學協會年會。

草成「三民主義八十周年紀念」一文，為中華日報作。

馬孝駿教授報告音樂系近況。

霍恩先生贈美國國立美術館名畫集。

12月24日　星期一

十一時業務會報，鄭貞銘報告新聞及大眾傳播館計畫。

加州州立大學地理系主任柯爾來訪，土地利用專家。

12 月 25 日　星期二

行憲紀念日。

文華來談心洽堂商學文庫事。

吳敬基寄來告華岡同學書。

丘正歐已遷來雙溪新村。

寫成「發揚壯舉的四個途徑」一文。

12 月 26 日　星期三

九時常會，杭立武、張豐緒報告。

中午請大學部教授沈熊慶、程祥榮、宋光梁、梁繼文、林澤田、鄭嘉武。

12 月 27 日　星期四

下午二時半導師會議。

中午宴校友楊坤松、張歐誠等。

吳怡先生送來三民主義百科全書編纂計劃。

12 月 28 日　星期五

下午四時出版會議。

12 月 29 日　星期六

約黃寶珍來談，請其為華林園台灣文物館設計。

蔡榮真來函，其夫在日本熊本大學史學研究所。

清州市大學女子師範大學校長康基用、雲湖高等學校校監尹鍾憲、雲湖女子高等學校校監朴龍錫來訪。

台大森林學系主任劉棠瑞贈書一冊。

12月30日　星期日

喬一凡來長談。

中央黨史會寄黃克強全集、紀念集與年譜。

香港中文大學鄭德坤寄來「上古數名的演變及其應用」。

張揚明贈「老子斠證譯釋」。

12月31日　星期一

業務會報，吳敬基主任報告。

建國大學研究院長鄭範錫來訪。

與外交官考試第一、二名同學及各社團傑出代表談話。

顏正平通過校內博士考試，會見各位考試委員。

國父思想與世界和平	中華日報元旦特刊
華岡興學經驗談	華夏導報一月八日
中堅分子、中心勢力 62.1.9 華岡學會百友會籌備會	華夏導報一月十日
校史上輝煌的一頁 61.12.29 5/10 評議會	華夏導報十二月廿九日
華岡學會百友會成立緣起 62.1.5 評議會	華夏導報一月六日
華岡興學經驗談 61.12.31 城區部大夏館落成典禮	華夏導報一月八日
華岡的關鍵人物 62.1.13 本校助教會	華夏導報一月十五日

論語「樂」

學而　　2

八佾　　4

里仁　　1

雍也　　5

述而　　3

泰伯　　1

子罕　　1

先進　　4

子路　　2

憲問　　2

衛靈公　1

季氏　　13

陽貨　　7

微子　　1

以上共計 47 個樂字。

附錄

永懷恩師　張公曉峰先生

方進和（方翊勳）
文大第二屆（1968 年 6 月）哲學系第一名畢業

　　本文撰於 1978 年，至今已有 43 年。遲未發表係因恩師張公其昀先生要求我暫不發表，等他「百年」後，再公諸於世。

　　歲月匆匆，恩師已逝世 36 年，而我年近 80。此時不寫，要待何時？所以，不揣譾陋，特披露如下：

　　恩師張公其昀先生，字曉峰，浙江省寧波鄞縣人。生於 1900 年 9 月 29 日，逝世於 1985 年 8 月 26 日。

　　恩師張公 1923 年畢業於南京高等師範學校，該年正好是南高改制易名東大。恩師張公出於對南高的摯愛，堅持領取了南高最後一屆畢業生文憑。恩師張公曾任職國立中央大學地理系、國立中央大學史地系、哈佛大學、教育部長、總統府資政、中國國民黨中央改造委員會秘書長……等職。

　　恩師張公是文化大學、華岡藝術學校創辦人。文化大學、華岡藝術學校，60 年來造就不少人才，對國家、社會貢獻頗鉅。僅略舉數項如下：

壹、真知灼見

一、1949 年大陸山河變色，政府在未撤台之前，政府高級決策者皆主張暫退守海南島，再俟機反攻回

去。唯獨恩師張公獨排眾議堅持必須直接撤退到
台灣，否則不出三年，必被中共占據。果然海南
島終於被攻陷。台灣能屹立不動至今，恩師張公
厥功至偉。

二、政府遷台後，百廢待舉，需才急迫，須從培育各
類人才做起。恩師張公於教育部長任內（1954 年 6
月 — 1958 年 7 月）積極推動九年國教，並在 1968
年全國正式實施九年國教。九年國教培育國家各
類人才，令台灣經濟起飛，使台灣經濟成為亞洲
四小龍之首。恩師張公功不可沒。

貳、公忠體國

一、恩師張公與張羣、谷正綱是蔣中正總統的三大智
囊，恩師張公更是蔣總統的助手，接任國防研究
院主任、總裁辦公室秘書組主任、中國國民黨中
央改造委員會秘書長、教育部長、總統府資政。

二、恩師張公一生以辦公室，以校為家。台北大安區龍
泉街 84 巷 9 號家僅是他晚上十點後回家睡覺的地
方。每天早出晚歸，風雨無阻，五十餘年如一日。
恩師張公對國家確實是「鞠躬盡瘁，死而後已」。

叁、作育英才

一、如上壹、二、所述恩師張公於教育部長任內積極
推動九年國教，並在 1968 年全國正式實施九年國
教，甚多培育國家各類人才。

二、1962 年創辦文化大學，隔年正式招生，第一屆畢

業生 1963 年 6 月誕生。並於 1970 年創辦華岡中學，1975 年改制為華岡藝術學校。61 年來，文化大學及華岡藝術學校人才輩出，多為國家精英。茲略舉一二於後。

（一）工商界：周俊吉（信義房屋創辦人）、郭釗溥（瑞興銀行董事長）、李虹明（國泰建設總經理）。

（二）政界：洪秀柱（前國民黨主席）、焦仁和（前僑委會委員長，海基會副董事長）、尤清（前台北縣長）。

（三）學術界：張東亮（東海大學法律系創系主任）、李復甸（世新大學法學院創院院長）。

（四）司法界：蔡清祥（法務部部長）、呂文忠（調查局局長）、邢泰釗（台北地方法院檢察署檢察長）、陳守煌（前高等法院檢察署檢察長）、楊仁壽（前最高法院院長）。

（五）新聞界：鄭貞銘（文化大學新聞暨傳播學院院長、文化大學新聞系及新聞研究所專任教授）、李濤（TVBS 有線電視台 2100 全民開講節目主持人、TVBS 總經理）。

（六）影藝界：崔苔菁、張俐敏、黃鴻升（小鬼）、楊可涵、許瑋倫。

肆、維護道統

一、文大校歌

華岡講學，承中原之道統；陽明風光，接革命之

心傳。

博學、審問、慎思、明辨，必有真知，方能力行。

己所不欲，勿施於人，有所不得，反求諸己。

為天地立心，為生民立命，為往聖繼絕學，為萬世開太平。

振衣千仞岡，濯足萬里流。

二、大禮堂對聯

集中外之精華（左），承中西之道統（右）。

伍、恩師張公與我

一、知遇之恩

我是班代表，哲學學會長，知青黨部常委及班上第一名……，自1964年至1985年計21年，恩師張公與我見過20次面，或在文大，或在陽明山莊，或在恩師大安區龍泉街84巷9號。

二、見談重點

系務狀況、校務意見、未來計畫及世局看法，例如：課程是否妥適？需否再增排其他課程？系主任異動意見，畢業後留校或出國深造？對世局的看法？……

三、視生如子

（一）將學生視為子女，凡學生有困難時恩師張公必傾囊相助。如韓文組陳**XX**，法文組宋**XX**，政治系卓**XX**……為留校當助教請我推薦，恩師張公一一接受。（有恩師張公親筆函可證）

（二）恩師張公對我更是「恩重如山」。他有幾個
　　珍貴之物，如：在哈佛講學玉照，與張大千
　　合影照片，親筆題字贈人墨寶……，皆不輕
　　易贈人，但，恩師張公全贈于我。恩師張公
　　與我合影留念及給我的「親筆函」共 50 餘
　　封，對我而言，堪稱是我的「傳家之寶」。
　　僅公開數封如後，以昭公信。

民國日記 83

質樸堅毅：張其昀日記
（1973）

Temperament, Simplicity, Strength, and Tenacity:
The Diaries of Chang Chi-yun, 1973

原　　　著	張其昀
主　　　編	中國文化大學圖書館
總 編 輯	陳新林、呂芳上
執行編輯	李佳若
排　　　版	溫心忻

出　　　版　　開源書局出版有限公司

　　　香港金鐘夏慤道 18 號海富中心
　　　1 座 26 樓 06 室
　　　TEL：+852-35860995

民國歷史文化學社 有限公司

　　　10646 台北市大安區羅斯福路三段
　　　　　37 號 7 樓之 1
　　　TEL：+886-2-2369-6912
　　　FAX：+886-2-2369-6990

初版一刷　2021 年 11 月 9 日
定　　　價　新台幣 380 元
　　　　　　港　幣 105 元
　　　　　　美　元　15 元
I S B N　978-626-7036-31-0
印　　　刷　長達印刷有限公司
　　　　　　台北市西園路二段 50 巷 4 弄 21 號
　　　　　　TEL：+886-2-2304-0488

http://www.rchcs.com.tw

國家圖書館出版品預行編目 (CIP) 資料

質樸堅毅 : 張其昀日記 (1973) = Temperament,
simplicity,strength,and tenacity : the diaries of
Chang Chi-yun,1973/ 張其昀原著 ; 中國文化大
學圖書館主編 . -- 初版 . -- 臺北市 : 民國歷史文
化學社有限公司 , 2021.11

　　面；　公分 . -- (民國日記 ; 83)

ISBN 978-626-7036-31-0 (平裝)

1. 張其昀　2. 傳記

783.3886　　　　　　　　　　110017378